Michael Liebusch

Meine Interzone

Erzählungen

Kunstraum Liebusch

Kunstraum Liebusch

Bibliografische Information der Deutschen Bibliothek
Die Deutsche Bibliothek verzeichnet diese Publikation in der
Deutschen Nationalbibliografie; detaillierte bibliografische Daten
sind im Internet über http://dnb.ddb.de abrufbar.

Copyright © 2020 Michael Liebusch, Kunstraum-Liebusch,
Frankfurt am Main
www.kunstraum-liebusch.de
Satz und Layout: Michael Liebusch
Lektorat und Mitarbeit: Brigitte Bee, Raimund Gerz, Roland Greifelt
Einbandbild: Michael Liebusch. Fotos im Buch: Copyright © Michael Liebusch
Herstellung und Verlag: BOD, Books on Demand, Norderstedt
ISBN: 978-3-752-66918-3

Inhaltsverzeichnis

Vorwort
von Leah Cim Schubeil

In der ersten autobiographischen Geschichte von Michael Liebusch geht es um Weihnachten. In der zweiten um eine Fahrt mit dem Zug in die DDR. In der dritten um das Geheimnis der Worte. Das alles spielt sich in der Kinder- und Jugendzeit ab.

Grob gefasst, geht es Michael Liebusch um die herausragende Bedeutung der Dinge. Sie sind aufgeladen mit Sinnzuschreibungen, mit Tradition und Geschichte.

„Die Dinge unterm Weihnachtsbaum" beschreibt das Wechselspiel in der Familie am Heiligen Abend. Obwohl sie nicht an Gott glaubt, inszeniert sie eine Geschenkorgie. Die Eltern litten unter der Knappheit von Waren im Krieg, später sparten sie auf Dinge. Jetzt wird das Entbehrte zelebriert und es wird an ihm festgehalten.

„Meine Interzone" ist eine Fahrt mit dem Zug in ein Deutschland hinter der Zonen-Grenze. Dort spielen Waren eine große Rolle, weil sie knapp sind. Westwaren sind begehrt. DDR-Zöllner verlangen an der Grenze Dokumente darüber. Manche werden beschlagnahmt. Die Knappheit von Waren steigert den Wunsch nach ihnen.

Die Geschichte „Goethe schreiben" umspannt Kindheit und späte Jugend des Helden. Er lernt unter dem „Diktat" des Vaters Worte, die es für Dinge gibt. Untrennbar sind sie mit Schreiben und Lesen verbunden. Also versucht er mit der Magie der Worte und chiffrierten Zeichen kreativ umzugehen. Stenographie, Schreibmaschine - die Klaviatur. Mit alldem kann die Welt beschrieben, ver- und entschlüsselt werden. Oder sie kann neu entstehen und fabelhaft werden.

Im Eisenbahner-Kostüm am Weihnachtsbaum

Die Dinge unterm Weihnachtsbaum

„Hilfe, Hilfe!" rief Vater durch die geschlossene Wohnzimmertür. Er war mit den geheimen Vorbereitungen zum Heiligen Abend beschäftigt, die nur schwer vorangingen und von Gepolter und Geschrei begleitet wurden.

Ich klopfte kräftig und wartete vor seiner Tür, wie er es mir mühevoll eingebläut hatte. Meine Ehrerbietung und Lernfähigkeit in punkto Gehorsam meinte ich diesmal mit Genuss übertreffen zu können.

„Jetzt komm endlich rein, zum Donnerwetter!" brüllte Vater erzürnt. Ich öffnete die vom vielen Zuschlagen verkeilte Tür und fand meinen Erzeuger nahe dem Fenster innig verschmolzen mit dem Weihnachtsbaum. Vater umarmte das Nadelholz brüderlich und lag mit ihm auf dem Teppich, das Gesicht von spitzen Nadeln verkratzt. Er hatte ohne Erfolg die vier Stellschrauben am gusseisernen Ständer justiert. Der störrische Baum wollte einfach nicht aufrecht stehen.

Die Gardine verhedderte sich im Gemenge und verschleierte Vaters Gesicht orientalisch. Mutter stürmte durch den langen Flur aus der Küche herbei und schimpfte über die Misshandlung ihres Heiligtums: „Die Gardinen, die Gardinen!" Vater brüllte: „Du mit deinen Gardinen! Du hast keinen Sinn für Feierlichkeit!"

Die Geheimhaltung seiner weihnachtlichen Vorbereitungen war schon am Vormittag gescheitert. Wir bargen ihn aus seiner Unfallstellung, die er schimpfend mit dem Vermerk aufgab, wir seien doch alle undankbar und unfähig. Das hörten wir gerne, denn er meinte dabei sich selbst. Es war das Höchste an Selbstkritik, die Vater zu leisten vermochte. Grinsend und mit Genugtuung nahmen wir sie entgegen. Mutter goss inbrünstig tröpfchenweise Öl ins Feuer: „Die Nadeln, überall Nadeln. Das ganze Jahr finde ich beim Saubermachen Nadeln. Und die Gardinen - wie verraucht sie sind von deinen stinkenden Zigaretten!"

Das wollte Vater, der Liebhaber der Genüsse, nicht hören und verwies Mutter barsch des Zimmers. Sie stieg wie ein Storch über die Geschenkpäckchen in Richtung Tür als seien sie weihnachtliche Tretminen, die bei einem Fehltritt eine familiäre Tragödie auslösten. Tatsächlich gab es eine kleine Explosion. Vater eilte Mutter nach und schlug hinter ihr die Tür lautstark zu.

„Soo was, der Gerl!" hörte ich Mutter draußen schimpfen.

Es verblieb sein „Spätzünder", wie er mich oft nicht ohne Stolz in der Weinstube vor seinen Stammtischbrüdern nannte, in die er mich regelmäßig mitnahm.

Mit Spätzünder meinte er, dass ich, trotz seines hohen Alters, durch die Zeugung im nicht so jungen Körper meiner Mutter in sein Leben eintrat. Für mich aber prophezeite die Zuschreibung „Spätzünder" meines Vaters, dass alle Arten von Zündungen und Explosionen in meinem Leben vorerst ausgeschlossen waren, jedoch nach Überwindung einer geheimnisvollen Langsamkeit im Bereich des Möglichen lagen.

Ich lernte früh, an meine passive Tatkraft zu glauben und so auch dem wunderlichen weihnachtlichen Treiben abwartend gegenüberzustehen. Als Sprengladung, die zündete, wann sie wollte, gefiel ich mir außerordentlich gut, zumal ich vorhatte, lange Jahre vor mich hin zu dämmern.

Das Ende der Lichterkette am Weihnachtsbaum musste mit dem Anfang in der Steckdose verbunden werden. Das wollte Vater nicht einsehen. Alle seine Versuche, den Stromkreis der Lichterkette zu schließen, endeten im Baum.

Die Steckdose war für den Stecker zu weit entfernt. Vater verzweifelte und witterte eine Verschwörung.

Die Kunde vom Stromkreis hatte sich selbst unter meinen Schulfreunden schon herumgesprochen, daher spendete ich Vater einen Vorschuss meiner explosiven geistigen Kraft und steckte die elektronische Lichterkette auf unseren Weihnachtsbaum. Seine Generation empfand Strom immer noch als Teufelszeug. Es mangelte Vater am Verständnis, unsichtbar wirkende Kräfte anzuerkennen.

Vormals flackerten und tropften am Weihnachtsbaum rote und weiße Wachskerzen. Kleine Brände auf dem Teppich und Brandlöcher an der Gardine waren an der Tagesordnung. Um den Boden vorm Wachs zu schützen, lagen unter dem Baum aufgeschlagene Seiten der *Bildzeitung*. Richtig feierlich wirkte das nicht, wenn schlechte und alte Nachrichten mit blutig roten Überschriften unterm Weihnachtsbaum ihre Wirkkraft entfalteten. Zudem steckten meine Schwester und ich gerne unbeobachtet unsere Finger in das heiße Wachs der brennenden Kerzen, um Wachsbällchen für Zwecke der Sinnlosigkeit zu formen.

Unsere Oma aus der Deutschen Demokratischen Republik schickte die Sensation aus dem Kaufhaus Brühl in Leipzig. Eine Lichterkette, die unsere kapitalistische Weihnacht revolutionierte. Die Lichterkette hatten wir durch Hinterlist dem Volkseigentum entzogen und den Sozialismus dadurch aufs Schärfste geschädigt, sodass er in späteren Jahren zusammenbrach.

Nach meiner erfolgreichen Installation der Lichterkette pflegte Vater mir den Beruf des Elektrikers anzudichten. Mir war es gelungen, Birnen festzudrehen, auszuwechseln und Lichterglanz zu entfachen, was für ihn einem Wunder gleichkam und auf eine besondere Eignung hinwies. Als

Ersatz für seine Unfähigkeit sollte ich ein Leben lang im elektrischen Handwerk meine Spätzündung erfahren.

Bezüglich der Elektrik fiel mir siedend heiß ein, dass ich versäumt hatte, in Vaters Radio-Röhrengerät im Musikschrank die Lautsprecher einzubauen, die ich vor Tagen gestohlen hatte, um ein improvisiertes Stereo-Klangerlebnis mit meinem Radiorecorder in meinem Zimmer zu erzeugen.

Die Lautsprecher im Röhren-Radio waren traditionell für das Glockengeläut am Heiligen Abend im Funk nötig. Vor der Bescherung sammelte sich die Familie durch das Erhören der Glocken im weihnachtlichen Zimmer.

Am Vormittag des Heiligen Abends okkupierte Vater unter lautstarkem Protest der Mutter die Küche, um „seinen" Kartoffelsalat zu machen. Er machte nicht „einen" Kartoffelsalat, sondern „seinen".

„Da sieht widder meine Giche aus!" sächselte Mutter und verließ schmollend das Haus, um bei vorgezogenem Ladenschluss im Gedränge der Panikkäufer Letztes einzukaufen und auf der Einkaufsstraße ein Schwätzchen mit anderen leidgeplagten Ehefrauen zu halten.

Vater schloss die Küchentür. Meine Schwester und ich spürten, dass hinter der Pforte Ungeheuerliches vorging. Anhand scheppernder und klirrender Geräusche durch unsachgemäße Handhabung von Töpfen, Schüsseln und Küchenwerkzeugen, befürchteten wir Unfälle aller Art und wenig Kulinarisches. Das erste „Au" ertönte, es folgte ein langes „Auuuuu" und ein „Zum Donner nochmal", das den Groll des Schöpfers auf seinem Kartoffelsalat anzeigte, der sich wehrte, auf die harte Art zubereitet zu werden.

Vater hatte sich in den Finger geschnitten. Obgleich er noch nicht mit dem Schälen der Kartoffeln fertig war, erdreistete sich das Wasser im Topf schon zu kochen. Hinter der Küchentür hörten wir das Blubbern des Wassers, das in die Gasflamme floss und sie zischend zum Erlöschen brachte. Plötzliche Stille trat ein.

„Verdammt nochmal!" grummelte es von drinnen auf die unheiligste Art. Es roch nach verbrannten Zwiebeln. Meine Schwester und ich wollten unsere Vorstellungskraft nicht weiter beschädigen und gingen in unser gemeinsames Zimmer, um mit dem schon tagelang andauernden Einwickeln der Geschenke fortzufahren, die wir im Zimmer voreinander versteckten. Wir taten so, als sei das Verstecken restlos gelungen und wüssten nichts über Geschenke. Wir schnürten Päckchen für unsere Eltern mit Kordeln und Weihnachtspapier der Vorjahre, reparierten es, lösten die Klebestreifen und schnitten es zurecht.

Dann arbeiteten wir an dem „Tausend-Pyramiden-von-Gizeh-Puzzle" weiter, bis Mutter aus der Verbannung heimkehrte und Vater das Schlachtfeld in der Küche verlassen hatte.

Nach der Betrachtung des Tatorts rief Mutter nach höherer Hilfe. „Oh Gott!", stöhnte sie. Es war übrigens das einzige Mal am Heiligen Abend, an dem Gott bemüht wurde. Zurück zum Tatort Küche: Eine verbrannte Pfanne, überall Kartoffelschalen. Auf dem Boden, auf dem Tisch verspritztes Öl, Blutflecken, der Gasherd voller Wasser, Pfeffer und Salz verstreut. Von Vaters Kartoffelsalat weit und breit nichts zu sehen. Er nahm ihn, wie jedes Jahr, in „sein" Zimmer und verschloss ihn in „seinem" Wohnzimmerschrank, damit Mutter ihn nicht gegen seinen Willen würzte.

„Da gannschn ganzen Dach widder butzen!" klagte Mutter bitterlich. Vater schlug tief beleidigt und erzürnt die Tür zum Wohn- und Bescherungszimmer zu.

Wie so oft, horchte ich neugierig an ihr, was Vater in

Selbstgesprächen von sich gab. Die Stimme verwandelte sich in eine fremde und begann zu flüstern, als spräche ein Geist. Böse Worte krochen aus den Tiefen des Vaters empor. „Das Aas!" hörte ich.

Gemeint damit war wohl die Mutter.

Die Stimme, aus der Verachtung und Wut entsprang, kannte mein Vater selbst nicht. Wenn ich die fremde Stimme zur Rede stellte, verschwand sie und es antwortete wieder der Vater: „Ich weiß nicht, was du meinst! Ich habe gar nichts gesagt!"

Ein Aas war für mich kein totes Fleisch, eher das wertvolle As aus dem Rommé-Spiel. Für Mutter als Fleischertochter war das Aas ein Ernährungsmittel und die Vorstufe zur Wurst, dem Elixier sächsischer Lebensart mit viel Kümmel und Majoran. Trotz aller Bemühungen, war also eine Beleidigung väterlicherseits mit diesem Wort kaum möglich.

Am Nachmittag gelang es mir, Vater aus dem Haus zu schicken. Ich verwehrte ihm, seine Boulevard-Zeitung, Zigaretten und das „Fürst-Pückler-Eis" vom Kiosk zu holen. Ich gab vor, ich würde ja schon die Kohlen aus dem Keller besorgen und das gestern gesammelte Holz vom Sperrmüll ebenso. Ich versprach, zwei Flaschen seines geliebten Rüdesheimer Weins für den Abend mitzubringen.

Die von uns tapezierten und stabilen „Dash"-Waschmittel-Pappeimer mit dem Plastikhenkel füllte ich mit Briketts und Eierkohle. Ich trug die schweren Eimer in den dritten Stock vor die beiden Öfen. Das Holz und die Weinflaschen holte ich in einem zweiten Gang, ebenso ein paar Kartoffeln für den Gänsebraten am ersten Feiertag. Am Holz waren rostige Nägel und ich blutete an der Hand. Der Keller war kalt und dunkel. Die Kartoffelhorde lockte Mäuse und auch Ratten an. Der Keller war ein schauriger Ort.

Ich musste mich sputen, um die Lautsprecher in Vaters Radio einzubauen. Eines war sicher: Wenn ich es nicht schaffte, war Weihnachten gelaufen. Sicher trank Vater am Kiosk noch eine Flasche Bier, streifte an seiner geschlossenen Weinstube vorbei, um sehnsuchtsvoll durch das Fenster seinen leeren Trinkplatz zu betrachten.

Auf der Treppe rutschte ich und verlor Holz, das die Stufen herunter polterte. Nachbarn hörten die Geräusche, öffneten besorgt die Türen und sahen mich blutend. „Frohe Weihnacht!" wünschten sie. Auf dem Boden sah ich die Übeltäter. Ölflecke aus der Ölkanne des Nachbars, die er im Keller füllte und ungeschickt durch das Treppenhaus jonglierte.

Durchschwitzt raste ich in Vaters Zimmer, stieg über das Meer aus weihnachtlich eingewickelter Geschenke auf dem Boden. Ich hob das schwere Radioröhrengerät aus dem Musikschrank und baute die Lautsprecher notdürftig ein, in dem ich die Kabel mit der Hand zusammendrehte.

Gegen 18 Uhr begann im Radio das Glockengeläut.

Wir fanden uns alle zum andächtigen Anhören ein und saßen auf dem Sofa. Meine Schwester verdrehte die Augen. Vater machte ein ernstes Gesicht, stellte das Radio laut, bis es krächzte. Das Gerät empfing das Glockengeläut aus allen Städten Deutschlands und darüber hinaus. Zögerliche, forsche, laute und leise Glocken wechselten sich ab und kündeten auf ihre Weise von der Weihnacht.

Vater zündete sich eine Zigarette an und rollte den Fernsehsessel bis an das mächtige Gerät heran. Er legte ein Ohr an, als hätte ihm jede Glocke eine Geschichte zu erzählen. Jetzt war es strengstens verboten zu sprechen oder beiläufige Geräusche zu machen. Die Botschaften der Glocken kamen über den Äther direkt aus dem Himmel, der uns etwas sagen wollte.

Mutter saß ohne Ruhe auf dem Polster. Sie hatte die Frankfurter Würstchen schon aufgesetzt. „Die blatzen sonst", weissagte sie. Vater schmatzte mehrmals mit der Zunge, um sein Missfallen über die profanen Einschübe der Mutter beim heiligen Glockengeläut zu bekunden. Als die Gloriosa der Leipziger Thomaskirche einsetzte, schüttelte es Vater am ganzen Leib, als würde er erbärmlich frieren. Einen Moment meldete sich seine zweite Stimme und flüsterte: „Die Schweine!"

Wir schauten uns verwundert an, wussten, dass wir nicht gemeint waren. Wahrscheinlich, mutmaßten wir, waren „die Schweine" der passende Sündenbock für das geschehene Übel in seinem zurückliegenden Leben, obgleich Schweine sehr reinlich und intelligent sind.

Die Verbindung zur Heimat drüben war trotz Eisernen Vorhangs durch das Geläut aufgenommen. Im Fernsehsessel versunken saß er, nahm einen Schluck Rüdesheimer aus dem Glas vom Tisch an seiner Seite, griff die brennende Zigarette aus dem Aschenbecher und zog an ihr, bis seine Augen groß wurden, blies den Rauch in Richtung Radio, das verdächtig knisterte.

Die erste Schmuckkugel verließ aus Protest den Weihnachtsbaum und fiel zu Boden. Das bleierne Lametta hing wie Sauerkraut. Einzelne Fäden seilten sich ab wie silberne Würmer. Vater sinnierte und schwebte in seiner eigenen Welt, die für uns nicht zugänglich war. Mutter fuchtelte mit dem Arm und vertrieb symbolisch den Rauch: „So en Dreck! Die ganzn Gardinen!"

Das Lametta am Weihnachtsbaum glitzerte, die Glühbirnen der DDR-Lichterkette taten ihren Dienst. Die Kugeln am Baum waren nach Ansicht von Mutter nicht schön verteilt.

Der Christbaumstern an der Spitze sei wie jedes Jahr schief, wie übrigens der ganze Baum. Sie hatte Recht. War es aber nicht angebracht, in Anbetracht der Heiligen Zeit, das Schiefe einmal gerade zu lassen?

„Jez sinde Würschte geblatzt!" rief Mutter einige Zeit später fern aus der Küche. „Jetzt hammer den Salat!" Vater und seine Bimmelglocken waren Schuld. Mutters Nerven lagen jetzt schon blank. Was ihr gleich bevorstand, war gewaltig. Besser: was vor ihr lag. Ein Meer aus Geschenken vom Gatten, die auf dem Fußboden im ganzen Zimmer verbreitet waren. Einzelne Geschenke versteckte er mit diebischer Freude hinter dem Baum, unter dem Wohnzimmerschrank, auf seiner Ablage und unter dem Teewagen, auf dem der Baum wacklig stand. Als wäre Ostern und Eiersuchen angesagt, schickte er seine Gattin auf die Suche.

„OOAAA!" rief die Mutter, mit dem Topf Würsten aus der Küche in das Zimmer kommend. „So viel?"

Es war jedes Jahr viel. Vater dirigierte die Abfolge des Auspackens und amüsierte sich königlich. Im ersten Päckchen war eine Doppelportion Scheuerlappen. Mutter drehte und wendete die verpackten Lappen und las die Beschriftung vor: „Mit einem Wisch ist alles sauber!"

„Ja, das kann ich gebrauchen!" Meine Schwester nahm ihr das Geschenkpapier ab, glättete es mit der Hand, legte es neben sich und sagte: „Da waren letztes Jahr die Handtücher drin!"

„Meinst du? Ich meine, es waren die Küchenlappen!" wandte ich ein, während ich Kordel aufwickelte.

„Da irrst du dich. Das war vorletztes Jahr!"

Mutter hatte mittlerweile eine Dose Linsensuppe von der Verpackung befreit und steuerte auf eine Dose Frankfurter. „Die könnten wir jetzt gerade gebrauchen!"

So arbeitete sie sich Richtung Tannenbaum vor, packte Kordel, Pfeffer und Salz, Wolle, Garn, Scheren, Klebefilm, Nadeln, Eierbecher und vieles mehr aus. Die Geschenkorgie schien nicht zu enden.

Mutter beschönigte das Glas Mettwurst, die Dose Rindfleisch im Aspik oder die Tube Senf und begrüßte alle Waren herzlich in unserer Familie.

Vater lachte, wie er es vermochte. Er hechelte nämlich. Und weil er es so tat, lachten wir Kinder auch. Vater dachte, wir lachen aus demselben Grund wie er, aber wir lachten über ihn. Und weil wir lachten, lachte auch unsere Mutter, weil sie dachte, wir lachen über ihn. So befanden wir uns inmitten einer fröhlichen Weihnacht.

Mutter packte eine Schachtel Pralinen aus, stellte sie auf den Tisch und öffnete sie. Die Pralinen waren voller Schnaps. Vater biss eine Praline entzwei, der Schnaps lief über sein Kinn auf das Hemd. Pralinen waren für ihn eine willkommene Nahrungsergänzung zu Zigaretten und Wein.

„Nascht nisch so viel!" forderte die Mutter, „wir ässen gleisch!" Sie hatte den Topf mit den Würsten auf dem heißen Kohleofen im Wohnzimmer warmgehalten.

Eine Stunde war vergangen. Nach dem Auspacken von Bodenreinigern, Seifen, Waschlappen, einer Salami, einem Topfkratzer, einem Billigsortiment Küchenmesser ging es am Ende der zweiten Stunde ins Finale. Mutter tat immer noch überrascht über jedes Geschenk und Vater amüsierte sich weiterhin.

Wie jedes Jahr kam am Ende der Moment, als Stille eintrat und Vater bedeutungsvoll eine Tür am Wohnzimmerschrank öffnete, aus seiner Brieftasche einen Hundertmarkschein holte und Mutter in die Hand drückte. „Zu deinem Haushaltsgeld", fügte er gönnerisch an.

Mutter nahm das Geld ohne die vorangegangenen Jauchzer, sie versteckte es in ihrer Hand, als müsse sie sich dafür schämen. Praktische Gegenstände und Essbares hatten in unserer Familie einen höheren Stellenwert. Im Krieg und in den schlechten Zeiten danach hatte Geld an Wert und Sicherheit verloren. Es konnte von höheren Mächten entwertet werden, im Gegensatz zu den Dingen. Sie konnte man trotz einiger verheerender Zerstörungen eventuell reparieren. Um die Macht überlebenswichtiger Dinge etwas zu brechen, spielten Vater und Mutter uns ein lehrreiches Theaterstück vor, in dem wir sowohl Schauspieler als auch Zuschauer waren.

Meine Schwester war hinter dem Haufen aus geglättetem Geschenkpapier verschwunden. Der Vater umwickelte Briketts mit Zeitungspapier und steckte sie in den Ofen, rüttelte den Rost und etwas Ruß gelang ins stimmungsgeladene Zimmer. Bedeutungsschwer holte er seinen Kartoffelsalat aus dem Wohnzimmerschrank und die Mutter die Würste vom Ofen.

Es war die heilige Zwischenzeit, in der sich jeder von seinen Aufgaben und Erlebnissen im Vorderteil des Abends erholen konnte. Viele Geschenke für meine Mutter brachten wir in die Speisekammer. Wir stapelten die Dosen übereinander. In die Besenkammer, genannt Rumpelkammer, kamen die Bindfäden, das Packpapier. Die Pralinen in den Flur auf Vaters Dokumentenschrank. Dort konnte er sich bei jedem Gang reichlich bedienen und seiner Lust auf Zucker, die er erst seit seiner Zuckerkrankheit entwickelte, frönen. Schließlich war es ja „sein" Geld, wie er betonte, also waren es auch „seine" Pralinen.

Mutter kaufte die Geschenke ein, die ihr Gatte aufwendig einwickelte und sie nach dem Glockengeläut auspacken ließ.

Ab September schon gab er dafür Geld. Die Dosen und Flaschen waren schwer und mussten in den dritten Stock gebracht werden. „Warum macht er das nicht selbst?" fragte ich als Kind meine Mutter. Sie antwortete: „Weil er wie bei allem zwei linke Hände hat und nicht mal einen Nagel in die Wand schlagen kann!"

Lange Zeit hielt sich deshalb bei mir die Vorstellung, mein Vater hätte drei Hände. Zwei linke, eine rechte.

Vater genoss den Heiligen Abend sichtlich. Er war zufrieden, dass es lief wie immer. Seine lang vorbereitete Geschenk-Orgie für seine Ehefrau war wieder einmal restlos geglückt. Er hatte viele Sachen geschenkt, die satt und sauber machen. Und er hatte ihr eins ausgewischt. Für was, erfuhr ich nicht.

Weihnachtliche Musik tönte und krächzte aus den ramponierten Lautsprechern des Röhrengerätes. Es sang ein Kinderchor. Meine Schwester spitzte die Lippen und äffte eine Opernsängerin mit einer Halskrankheit nach. Sie kredenzte schräge Gesänge, einer Sirene gleich. Mutter standen die Tränen in den Augen, weil sie an hungernde Kinder und an ihre Mutter in der Heimat dachte. Vater ließ genüsslich einen Schluck Rüdesheimer auf der Zunge zergehen. Die Stille, die jetzt eintrat, da jeder wohltuend das Reden einstellte, war das, was viele „Familie" nannten.

Ich wusste, überall in den Stuben der Stadt würde es so sein. Man würde sich fragen, ob das alles wahr sei und es als schön empfinden.

Die Zeit ohne Sprechen, zusammen mit dem krächzenden Engelsgesang im Hintergrund, dehnte sich aus und es kam zur äußersten Eigenart unserer Familie, zum höchsten Ein-klang in der Verschiedenheit der Mitglieder. Jeder legte seinen Kopf auf seine Art auf die Seite, so wie es Vögel tun.

Jeder schaute in die von ihm entfernteste Zimmerecke zwischen Wand und Decke. Dorthin hatte sich plötzlich der Schwerpunkt der Heiligen Zeit verlegt. Wo sonst nur die reine Geometrie herrschte, Wände und Decke in Neunzig-Grad-Winkeln lustlos aufeinander trafen. Im modernen Sinn fingen wir an zu meditieren, abzulassen von allem materiellen Schrott. Wir reduzierten uns aufs Wesentliche, auf Ecken und Kanten, und philosophierten still. Vater war bereits unterwegs in die Kriegsweihnachten an der Front.

„Die Würste sind ja alle geplatzt!" schimpfte Vater und nahm sich dreist eine heile Wurst aus dem Topf. Es war das Vorrecht des Familienoberhaupts. Beim Blick in den Topf rechnete sich der Rest der Familie eine Schwierigkeit herbei: „Das sind ja sieben Würste! Die kann man ja nicht durch vier teilen!"

Vater schnitt schon seine Wurst in Teile und tunkte ein Stück mit der Gabel in den Senftopf, da sprach die Schwester: „Da esse ich halt gar keine!"

„Sieben durch drei geht nicht auf!" antwortete ich altklug.

Vater begann jetzt seinen geheiligten Kartoffelsalat auszuteilen, was jeder befürchtete. Die Kartoffelscheiben glänzten auf dem Teller, die verbrannten Zwiebeln ragten heraus wie kleine Würmchen. Vorsichtig und langsam kauten wir, schauten uns fragend in die Gesichter. Vater war ja an Kriegsnahrung gewöhnt. Aber wir nicht! Der Salat war ölig, die Kartoffelscheiben teilweise noch roh, die Zwiebeln verbrannt. Vater brauchte nun dringendes Lob, schaute in Mutters gequältes Gesicht und sagte: „Wie guckst du denn schon wieder?"

„Alles harte! Kannsch nich beißen."

Vater tobte: „Undankbar, diese Familie, da macht man alles!"

Meine Schwester und ich zerkleinerten aus Höflichkeit ein paar sperrige Kartoffelscheiben, die wie Apfelstücke im Mund Kaugeräusche erzeugten. Damit leisteten wir unseren Beitrag für den Familienfrieden. Ich aß wie immer mehr und sagte zu Vater sogar: „Schöne Mischung". Der freute sich, den Filius auf seiner Seite zu wähnen.

Die Mutter war ins Schlafzimmer gelaufen, kam mit den Armen voller Geschenke zurück und legte sie zu Vaters Füßen vor den Fernsehsessel. Beim Auspacken nahm er sich genüsslich viel Zeit. Mutter hatte mehrere Flaschen Schnaps vom Supermarkt weihnachtlich im Flaschen-Dauer-Einwickel-papier ummantelt, das wir jedes Jahr wieder verwendeten. Einfach den Klebestreifen unten lösen, die Flasche raus, nächstes Jahr wieder eine rein, Klebestreifen drauf. Als erstes wickelte Vater die gleichen Pralinen aus, die er auch Mutter schenkte.

„Ja", sagte er vor Freude. „Schön!"

Dann wickelte er Socken, Rasierschaum, Rasierklingen und ein paar Zigaretten aus. Beim Auspacken der Spirituosen geriet er in Verzückung. Er schob seine schwarze Hornbrille auf die haarlose Stirn und verlas das Etikett, als hätte er soeben einen heiligen Vertrag mit der Schnapsbrennerei auf Lebenszeit abgeschlossen.

Vater war von der schieren Masse Alkoholika sichtlich gerührt. Tränen standen in seinen Augen. Alle Flaschen plat-zierte er mit dem Etikett nach vorn auf den Wohnzimmer-schrank. Er stellte sicher, dass sie denselben Abstand von-einander hatten, die Beschriftung gut sichtbar war und posierte mit einem Glas Rüdesheimer Wein vor dem Altar des Heiligen Geistes. Er beauftragte mich, den Fotoapparat zu holen, um Aufnahmen von ihm mit seinen Trophäen zu machen.

Die besten Fotos schickte er zur darbenden Verwandt-schaft in die DDR. Er nahm seine Brille ab, hielt sie auf Brusthöhe in der Hand. Eine Geste der Besonderheit, denn alle sollten sehen, dass im Westen scharfes Sehen durch den Genuss von scharfen Getränken wieder möglich war.

„Stille Nacht, Heilige Nacht!" knackte es aus den Lautsprechern. „Den musst du mal reparieren!" sagte der Vater bedeutungsvoll.

„Wahrscheinlich Staub auf den Röhren!" antwortete ich.

Er war über meine Einschätzung sehr glücklich. „Du wirst bestimmt einmal Radio- und Fernsehtechniker!"

Ich ging in mein Zimmer und holte die Geschenke für meine Schwester. Eine Musikkassette, die ich selbst beim Hören der Radio-Sendungen „Hitparade" und bei RTL mit dem Kassettenrecorder aufgenommen hatte. Lauter Kleinigkeiten, die ich von meinem schmalen Taschengeld im Monat abzweigen konnte. Einen Radiergummi, einen Spitzer mit einem Häuschen herum, damit das Abgespitzte einen Mülleimer hatte.

Ich stellte mir lange vor Weihnachten vor, wie das Leben meiner Schwester sich entscheidend verbessern würde, nachdem das Abgespitzte nicht auf ihrem Tisch herumflog. Im Laden musterte ich lange vorher die Klinge des Spitzers im Inneren des rechteckigen Kästchens, das aus durchsichtigem Plastik bestand. Ich testete den Spitzer, betrachtete, wie das Abgespitzte in das Häuschen wie kleine Falter hineinfiel und sich dort im geschützten Raum wohlfühlte.

Nach dem Erwerb des kleinen Spitzers konnte ich mich den ganzen Tag daran ergötzen, das Innenleben des Kästchens verfolgen und hoffte, zuweilen selbst klein zu sein, wie „Pan Tau" oder „Die bezaubernde Jeannie", um so das Ganze der großen Welt besser verstehen zu können.

Zwölf Geschenkinszenierungen gab es am Abend, jeder schenkte jedem etwas, und alles schien kein Ende zu nehmen. Vater bekam immer Rasierklingen, Rasierschaum, Rauchwaren und Alkoholisches. Meine Schwester etwas für die Bildung und ich etwas zum Basteln. Mutter die praktischen Sachen.

Das Selbstgemachte spielte eine große Rolle. Laubsägearbeiten waren gute Geschenke. Ich hatte mal einen Igel mit meiner Schwester ausgesägt, bemalt und lackiert. Oder wir fügten Perlen zu Untersetzern zusammen. Oder strickten und häkelten, wobei es mir nur gelang, ein 10 Meter langes Band zu häkeln, weil ich nicht begriff, wie man eine zweite Reihe aufmachte.

Vater schenkte mir zu meiner großen Freude einen Eisenbahnbaukasten mit einer Lokomotive, zwei Waggons, Schienen und einem Transformator. Zum Leidwesen meiner Schwester baute ich alles in unserem Zimmer auf.

Das beiliegende Material samt Brückenkonstruktion erlaubte nur, eine Acht zu fahren. Ich verstand Vaters Botschaft: Alles im Leben war darauf angelegt, dort wieder anzukommen, wo man angefangen hat.

Vater bekam von mir eine sehr lange Zigarre, die ich im Schaufenster des Zigarettengeschäftes gesehen hatte. Viele Male ging ich dort vorbei, um sie auf ihre Eignung für Weihnachten zu prüfen. Meines Erachtens war sie für meinen Vater wie geschaffen und erfüllte alle Kriterien, ihn glücklich zu machen.

Es war jetzt gegen 23 Uhr. Vater rauchte, was das Zeug hielt und war nicht mehr ansprechbar. Wir räumten den Heiligen Raum und überließen ihn seinen Erinnerungen an die Heiligen Abende im Krieg mit seinen Kameraden, die er nie wieder sah, weil sie gefallen waren.

Appendix

Manche Geschenke versteckten sich bis in den Februar in der Heiligen Stube in geheimen Winkeln. Die Nadeln des Tannenbaums waren das ganze Jahr auf und unter dem Teppich zu finden.

In den Geschenkpausen aßen wir zuweilen Stolle, die von Oma gemacht war. Wir hatten ihr Zitronat, Orangeat und Rosinen geschickt, die es in der DDR nicht gab. Genauso den Puderzucker. Das Paket war drei Wochen nach Leipzig unterwegs. Oma fertigte die Stolle, gab sie im Bäckerladen gegenüber in den Ofen. Danach wickelte sie das fertige Backwerk in Blaupapier (damit man das Röntgengerät des DDR-Zolls überlistete) und schickte es in die BRD.

Die Stolle war wiederum drei Wochen unterwegs. Damit sie rechtzeitig zu Weihnachten ankam, fing die ganze Prozedur schon im September an. Frühzeitig horteten wir Puderzucker und die anderen Sachen für die DDR-Verwandtschaft. Wenn ich im Sommer etwa bei Mutter eine Rosine naschen wollte, hieß es: „Nicht zu viel, denk an die Stolle!"

Wenn der Stollen, oder die Stolle, wie man es bei uns sagte, laut Lexikon das gewickelte Christuskind symbolisieren soll, dann hatte es der Heiland schwer, unsere Familie zu erlösen. Die Stolle war ein Interzonenprojekt und ein schillerndes Beispiel der Völkerfreundschaft und des Friedens. Sie wurde vom Kapitalismus mit Trockenfrüchten und Puderzucker genährt, durch die Hände der Oma geformt, im sozialistischen Ofen des Bäckers gemacht, vom Zoll geprüft, in den Kapitalismus geschickt, um dort aufbewahrt, gelobt und zur Weihnachtszeit einverleibt zu werden.

Die Einverleibung war der eigentliche Vorgang. Die Idee, das Vorhaben, eine Stolle zu backen, wurde zu Materie. In der fertigen Stolle steckte der Werdegang allen Tuns. Im Geschmack auf der Zunge entfaltete sich die Vergangenheit, die Erinnerung an die Heimat erwachte. Zugleich war die Einverleibung der finale Vorgang, der die Stolle zum Verschwinden brachte. Es blieb nur ein teils unsichtbarer, aber spürbarer Verdauungsvorgang übrig.

Ein paar Monate später hieß es wieder: „Wir müssen Sachen für die Stolle kaufen!" Und alles begann von vorn.

Als kleiner Junge kaufte ich für meine Mutter ein Weihnachtsgeschenk für zehn Pfennig. Es war eine Art Pfeife aus Plastik. Blies man durch das Röhrchen, begann über einem kleinen Korb an der Spitze ein Bällchen zu schweben. Die Magie des Gerätes erfasste mich derart, dass ich es meiner Mutter überließ. Ich war der Meinung, wenn sie mit der Pfeife die Schwerkraft bezwingen konnte, würde es ihr auch gelingen, alle ihre Sorgen zu verlieren, quasi mit einem Luftzug.

Wie oft sie in ihrer freien Zeit das Bällchen zum Schweben brachte, weiß ich nicht. Auf alle Fälle tat sie erstaunt, warum das geschehen konnte und honorierte, dass ich auf solche geheimnisvollen Dinge stieß.

An der Zigarre, die ich Vater schenkte, rauchte er drei ganze Tage. So gab es am zweiten Tag ein Heute, ein Gestern und ein Morgen, das in Rauchfiguren aufging. Die Zigarre war ihm nicht nur ein Genuss, sondern Aufgabe. Den Mangel, den er im Krieg und bis zur Flucht in den Westen Deutschlands erlitt, glich er mit Übermaß an Essen, Getränken und Rauchwaren aus, als könne er sich das ihm Versagte nachträglich einverleiben, damit endlich einmal Gerechtigkeit eintrat.

Nachwort

Jede Familie hat ihre Familiengeschichten. Es sind Geschichten, die immer wieder erzählt werden, weil die Familienmitglieder glauben, diese Geschichten machen sie aus und stiften eine Identität.

Der Heilige Abend ist ein mythisches Ereignis.

Bei dieser Feier geht es nicht um eine religiöse, sondern um eine weltliche Feier mit religiösen Momenten. Die Protagonisten spielen so, als sei es eine heilige Zeit. Sie sind nicht religiös, aber auch keine echten Atheisten oder Existentialisten. Sie befinden sich in einem eigenartigen Zwischenraum. Denn durch das Mitspielen beim Heiligen Abend verscherzen sie es nicht bei Gott, falls er zufällig doch existiert. Außerdem gibt es Geschenke, Getränke und Essen.

Die Familienmitglieder bereiten sich wochenlang auf das Ereignis vor, das zur gleichen Zeit in fast allen Wohnstuben auf die eine oder andere Weise stattfindet. Im Fernsehen laufen die Weihnachtsepisoden von „Ein Herz und eine Seele" und der „Familie Becker" und man ist humoristisch irgendwie darauf vorbereitet, dass das Ganze auch eine Persiflage sein kann.

Im Inneren wissen alle, dass dahinter ein Ernst steckt. Denn nicht umsonst spielen sich viele Dramen an diesem Tag oder zu dieser Zeit ab. Das Ernste ist das Drama jedes Menschen, der sein Schicksal als das tragischste ansieht. An diesem Tag mündet das Schicksal durch den Trichter der Zeit in die Bescherung.

Die Bescherung ist bei dieser vorliegenden Geschichte das Menschliche an sich, das vergänglich und unvollkommen ist. Am Tag von Christi Geburt denkt der Vater an den Tod seiner Kameraden im Krieg, die Mutter an die Lieben hinter der

DDR-Grenze in der Heimat. Die Kinder daran, wie sie das alles überstehen werden und sich einen Reim daraus machen können.

Weihnachten ist an sich eine Erzählung. In ihr steckt das Wunder der christlichen Geburt. Die Bibel ist voller wundersamer Geschichten, die nicht recht der historischen Sicht standhalten. So kommt es, dass viele an Weihnachten insgeheim an Wunder glauben. Von der diesseitigen Welt ist es nicht zu erwarten. Dass der Engel herabsteigt und den Armen eine friedliche Weihnacht beschert, in die kaltherzige Welt eingreift, ist eine Hoffnung. Paradoxerweise schlägt unter dem Weihnachtsbaum der Glauben an ein Wunder zuweilen in Verzweiflung um. Die Inszenierung vom friedlichen Fest wird zum Familiendrama.

Weihnachtlicher Stolz auf Waren

Meine Interzone

In der Halle des Frankfurter Hauptbahnhofs atme ich den stählernen Geruch der Ferne. Mit ihm beginnt meine lange Zugfahrt über eine Grenze ins eingehegte deutsche Land meiner Vorfahren.

Es ist fast Mitternacht. Und ich zittere. Ich fahre das erste Mal allein, ohne meine Mutter zur Oma. Mit 16 Jahren erlauben das die Behörden. 1979, meine Feuertaufe zum Erwachsenwerden.

Das ist ganz schön aufregend. Augen auf! Auf alles achten, allein entscheiden. Ich erschrecke wie ein ängstliches Tier, über Eisen, die in der Halle plötzlich aufeinander schlagen und schallen. Über Dampf, der aus der Lokomotive des Inter-zonenzugs zischt und meine Beine verschwinden lässt.

Wo ist, verdammt noch mal, der Wagen 8? Warum kommt er nicht nach Nummer 7? Ich hab´s so in der Schule gelernt! Ich renne mir die Lunge raus, obwohl noch reichlich Zeit bis zur Abfahrt ist.

Ein Arbeiter in dicker, ölverschmutzter Kleidung schlägt mit einem langstieligen Hammer auf ein Rad des Wagens 8, hinter Wagen 9.

Hastig klettere ich mit meinem Köfferchen die Treppe hoch und stolpere, von der Angst getrieben, zu spät zu sein. Der einfahrende Zug auf dem Nebengleis kreischt ohren-betäubend beim Bremsen. Das Geräusch schwillt unerträglich an, bis der eiserne Koloss auf den Schienen zum Stehen kommt.

Und endlich verstaue ich mein Köfferchen über meinem Platz am Fenster im vollbesetzten Waggon.

Der lange Pfiff des Bahnsteigwärters durchdringt die Bahnhofshalle. Unser Zug ruckt, und wir drinnen, gedrängt an den Fenstern, verlieren kurz unseren Stand und halten uns aneinander fest.

Auf dem Bahnsteig wedeln Arme. An den Händen weiße gebügelte Taschentücher mit Spitzenrändern und gestickten Initialen. Was sie ausschütteln, sind keine Buchstaben, sondern Wünsche und Hoffnungen, dass die Verwandten gut über die „Zonen-Grenze" kommen. Dorthin, wo nicht alle Hiergebliebenen einfach so fahren dürfen. Und woher viele nicht kommen dürfen. Manche packen ihre Tränen in Stofftaschentücher ein oder schnauben ihre Trauerflüssigkeit aus der Nase.

Ich lehne aus dem heruntergeschobenen Fenster und schaue auf eine Frau auf dem Bahnsteig, die mit flatterndem Mantel neben dem Zug herläuft und die Hand ihrer abfahrenden Mutter hält, als ginge sie sonst für immer verloren. Der Zug fährt schneller und so reißen die Hände voneinander ab.

Die Zurückgebliebene auf dem Bahnsteig senkt ihren Kopf, ballt eine Faust und vergräbt sie in der Manteltasche. Ich sehe, wie die Frau auf dem leeren Bahnsteig kleiner wird und dann verschwindet.

Ein anderes Taschentuch trocknet die Tränen ihrer alten Mutter am offenen Nebenfenster. Ich kann die kleine bauchige Gestalt über die hohe Rückenlehne der rotbraunen Sitzbänke aus Kunststoff sehen. Während sie die Perlen an der Wange mit dem Taschentuch aufsaugt, fährt der Zug bedächtig unter der großen „MM"-Lichtreklame auf der Glasfassade der Bahnhofshalle durch und gelangt ins Freie.

Die zwei M in Schreibschrift sind die Initialen einer Sektkellerei aus dem Rheingau. Oma hat dort oben seit Jahren einen Gruß an mich installiert. Er ist der Anfang unseres lang ersehnten Wiedersehens morgen früh auf dem Leipziger

Hauptbahnhof. MM, „Mein Michael" wird Oma am lautesten von allen aus dem Gewühl der aufgeregten Abholer rufen.

„Nu sätzen se sisch erscht mal, gude Frau und drinkense en Gaffee! Se gönn doch indn Westen ma wiedergommen!" höre ich eine tröstende weibliche Stimme. Sie ist an die Frau mit der Tochter auf dem Bahnsteig gerichtet.

„Nee, sch bin doch so aald, wer weeß, obsch de Strabazn mid dr Fahrt nochema aushalde!"

„Un de Dochter? Gommt se nischmal?"

„Wer weeß, obsch da noch läbe!"

Am offenen Fenster lehnend, spüre ich einen frischen Wind herrlich in meinem Gesicht, die Haare wehen. Ich sehe nachtmüde Waggons auf den Abstellgleisen, von schaukelnden Laternen beleuchtet. Leise Fahrt über die federnde, eiserne Brücke. Tak, Tak. Lichter der Stadt spiegeln sich auf dem stillen schwarzen Main. Büros, Häuser verschwinden in der Nacht. Doch! Da – ein einsames Lichtlein brennt im Hochhaus.

Wir fahren durch den Wald. Tak, Tak! Tak, Tak - Tak! machen die Räder beim Fahren über die Schienen. Der strenge Geruch der Bahnschwellen, des Schotters unter den Gleisen mischt sich mit Fruchtigem aus Kiefern, Tannen und Laubbäumen.

Fahle Gesichter im Schein der Leuchtstoffröhren, aufdringlich rollende Augen im Waggon mustern sich. Auch das Gepäck in der Ablage und unter der Sitzbank ist im Visier. Zwei Reihen weiter flackert ein defektes Licht. In einer Zehntelsekunde verschwinden die Fahrgäste vor meinen Augen, in einer anderen erscheinen sie wieder. Als seien sie nur das Produkt einer Kamera, die Laune einer Zehntelsekunde.

„Das schaffst du alles alleine!" hat Mutter zuhause gesagt.

„Ich brauche nicht auf den Bahnhof mitzukommen!"

Mutter hat mir eingetrichtert, was ich im Zug tun muss: Beim Schaffner den länglichen Fahrschein zeigen, den mit dem abgebildeten blauen D-Zug drauf. Ich halte ihn schon fest in der Hand. Wenn ich Schwierigkeiten hätte, solle ich mich einer älteren Frau anvertrauen. Aber aufpassen, dass es keine mit einem „Bonbon" ist, keine von der Partei mit Abzeichen. An der Grenze soll ich ruhig sein, nichts Falsches und zu allem nein sagen.

„Haben Sie etwas zu verzollen?" – „Nein."

„Wie lange bleiben Sie in der Deutschen Demokratischen Republik?"

Da darf ich nicht antworten: „Das steht doch in der Einreisegenehmigung, die ich Ihnen eben gegeben und auch vor Wochen eingereicht habe!"

Ich soll alles sagen, was auf dem Papier steht. Die Liste der Geschenke dem streng guckenden Zöllner mit schwarzer Hornbrille im kantigen, blassen Gesicht brav aushändigen. Vielleicht sieht er meine westliche Bräune im Gesicht als Affront an, weil er nur in der Zollstube und in den Waggons kontrolliert. Wenn er fragt, soll ich auswendig die Mitbringsel in der Reihe aufsagen. Das würde reichen.

Und, ich soll nicht wieder lachen, wenn die Zöllnerin „Bassgondrolle" fragt und nicht antworten, wir führten keine Musikinstrumente mit.

Es ist die Reise in ein anderes Deutschland, einem Zwilling, der sich und seine Bürger hinter Zäunen und Mauern versteckt und für mich ein Geheimnis ist; in der die Liebsten, die Oma in der Stadt, die Tante, der Onkel auf dem Land leben und nette Nachbarn sich jetzt schon auf das gemeinsame Frühstück mit frisch geholten, warmen Brötchen und guter Butter freuen.

„Fenstor zu, s´zied!" mault es von innen. Ich schließe das Fenster und lasse mich auf der mit Kunststoff bezogenen Bank nieder. Mir gegenüber sitzt eine füllige Frau um die achtzig. Sie trägt einen steifen Hut, eine neonblaue Bluse mit Farnmotiven, einen eng sitzenden beigen Rock, braune Nylonstrümpfe mit Laufmaschen und klobige braune Schuhe. Sie hat ein kleines gestreiftes Frotteehandtuch auf dem Schoß, lacht mich an und beißt in ein Stück Fleischwurst. Mit dem Taschenmesser hat sie es vom Ring abgeschnitten und die Pelle mit den Fingern entfernt, die jetzt ganz fettig sind. Sie nickt mir mütterlich zu und reicht auf der Messerspitze eine Scheibe rüber.

„Da, mei Kleener - Wurscht!"

Im Nu ist mein Vorhaben, erwachsen zu wirken, gescheitert. Aber die Wurst schmeckt. Wir glotzen uns beim Kauen ins Gesicht. Das Gebiss der alten Dame verheddert sich beim Beißen in der Wurst und der Hut wackelt.

„Nämse doch n´Hut ab, da gönnse besser ässen!" schlage ich vor.

„S´ged nisch! Keen Blazz, alles voll Goffer!"

„Un wennse dn oben drauf leschen?".

„Dann fliescht er doch runder, wenn der Zuch rammelt. Besondörs drieben, da sind de Logfierer ramdös´sch un de Schienen kabutt, da flieschen widder die Goffer runder und mei scheener Hut is Madsch!"

„Un, wennsen inde Hand nähmen?"

„Da kannsch keene Wurscht ässen, un keenen Guchen!"

Sie streift ihr Messer am Handtuch ab, klappt es zusammen und versteckt es in einem der vielen Fächer ihrer Markttasche. „Nisch, dass se mir das wegnämen, Schusswaffen, Mässer und Bomben sin nämisch verbooden!"

Sie lacht sich kaputt, Bröckchen der Fleischwurst schießen

aus ihrem Gebiss und auch ein Husten stellt sich ein, weil sie dazu trockenes Brot aus der Hand verzehrt. Ihr Gesicht läuft rot an: „Verbibscht noch mal! Isch werd doch nisch sterbm, bevor isch wieder heem gom!"

Während sie röchelt und dabei Streuselkuchen aus der Markttasche zwischen ihren Beinen holt, schaue ich im voll-besetzten Waggon herum. Alle essen, haben ihre „Bemmen" in der Hand oder im Mund. Sie kauen, schlagen am Rahmen des Fensters oder am Aschenbecher hartgekochte Eier auf, öffnen ihre Thermoskannen, gießen Kaffee in rote, geriffelte Plastikbecher und begleiten all ihr Tun mit einem lauten Stöhnen, einem „So", „Ah", „Mm", „Oh" oder „Da seid ihr ja, ihr Gegse".

Der Sachse redet gerne liebevoll mit seinen Lebensmitteln, als wären sie vorübergehende Familienmitglieder, auch wenn er sie mit Wollust aufisst. Seinem Dialog mit den Lebens-mitteln folgen Äußerungen des Wohlbefindens beim Essen mit anderen Reisenden. Im wahrsten Sinne des Wortes geben dann alle „ihren Senf dazu".

Ein gekochtes Ei der Frau kullert beim Kramen in der Markttasche unter die Sitzbank. Hilfsbereit stehe ich auf, gehe in die Hocke und lange mit meinem Arm blind unter dem Sitz nach dem Ei. Erst greife ich ins Leere, dann fasse ich das Bein einer Dame auf der Sitzbank hinter uns, die er-schrickt jungfernhaft „Huu" kreischt, aufsteht, sich umschaut und ruft: „Na, wo isn der Kleene? Was willsten? Du Schlingel!"

Der wortlose Mann neben mir, im grauen Sakko und gelb weiß gestreiftem Hemd, öffnet ein Einmachglas:

„Isch hab'n bar saure Gorken, die habsch selbor ins Glas eingelescht! Wennse wollen? Und wenn isch dafür späder Guchen grieschte, gnädsche Frau, in Guchen gönnt isch misch nämlisch reinsätzen."

„Haun se nur denn rein! Den habsch mit viel guder Budder gemacht!"

Der Mann legt eine Gurke zwischen seine dick mit Leberwurst beschmierten Brotscheiben und stellt das Glas auf den Boden.

Wir sind noch nicht mal in Offenbach und schon wird gegessen, was das Zeug hält, als würde eine Hungersnot bevorstehen.

Die Gurke schießt bei einer Vollbremsung des Zuges wie eine Rakete zwischen den Brotscheiben heraus und prallt gegen die Heizung unter dem Fenster und an das mit Geschenkpapier eingewickelte Päckchen unter dem Sitz des Mannes gegenüber.

„Örschendwo hats gegglobbt!" sagt die alte Dame. „Hamses och gehört?"

Alle schauen sich kurz um, als würde jemand Wichtiges hereinkommen.

„S´wird doch nisch Erisch (Honegger!) sin?"

„Ei verbibscht, wer hattn meine Gorge vondr Bemme stibitzt! Des is´sch ia!" beschwert sich der verdutzte Mann neben mir.

Der schlanke Mann mit dem Paket und der Gurke unter dem Sitz liest in der *Bildzeitung*. Er hält sie in das schwache Licht der kleinen Funzel über ihm. Er bemerkt, dass ich ihn beobachte.

„Die muss ich noch vor der Grenze auslesen und werfe sie dann aus dem Fenster! Übrigens, ich bin der Heinz!"

Die Zöllner der Bundesrepublik sind durch. Wir nähern uns der deutsch-deutschen Grenze. Ich schiebe das Fenster herunter, der Zug verlangsamt sein Tempo. Heinz wirft die *Bildzeitung* mit der Schlagzeile „Putzfrau schenkt Mildred Scheel eine Million" aus dem Fenster ins Niemandsland. „Ja, so geht's bei uns im Kapitalismus zu. Sonst werden die Grenzer noch neidisch, nehmen die Zeitung mit und lesen sie, das gönne ich denen nicht! Die Einfuhr von Waffen und der *Bildzeitung* ist verboten."

Die Funzeln hinter den grobmaschigen Gardinen der Häuser werden weniger. Die meisten Bürger der DDR schlafen. Brücken enden im schwarzen Nichts, hochgewachsenes schmutziges Gras neben dem Gleis, auf dem auch wir uns verlangsamen, Gespräche einstellen und schweigen. Ich stehe am offenen Fenster. Die Straßen leer, der Geruch von Teer, Beize und Braunkohle. Die extra Diesellok für den Grenzverkehr heult und bläst ihren Schweiß in mein Gesicht. Stellwerke, Wartehäuschen, Häuserruinen tauchen ins Grau. Alles wirkt vergessen. Stacheldrähte, Grenztürme und Schilder, vom Licht der Waggons kurz angeleuchtet.

Ein plötzlicher Halt auf freier Strecke. Dann schleicht der Zug ein paar Meter. Als will er uns etwas sagen. Als sei er defekt, rollt er in den grell beleuchteten Grenzbahnhof ein und kommt nach einem Ruck zum Stehen. In unserem Wagen herrscht eiserne Stille. Wir hören das Brummen und Zischen der Lokomotive, das Atmen der Mitfahrer.

Auf der vom Bahnsteig abgewandten Seite erblicke ich einen Grenzturm aus aufeinander gebauten, blanken Betonteilen. Unter dem eingezäunten, begehbaren Dach entdecke ich ein Ausguckfenster. Das Fernglas des Spähers blitzt im Dunkel. Oder ist es seine Waffe? Lichtkegel zielen zum Hang herunter, der mit Stacheldraht und seltsamen Laternen bebaut ist. Sie sehen oben aus wie umgestülpte Teller.

Im Zug herrscht ein unfassbares Schweigen. Alle Wurstbrote sind verschwunden, Gespräche eingestellt. Die alte Dame mir gegenüber tupft Kölnisch Wasser unter die Nase. Man könnte eine Stecknadel im Waggon fallen hören.

Lange Zeit passiert gar nichts. Wir schauen aus dem Fenster auf den leeren Bahnsteig. Wahrscheinlich warten die Grenzer auf den Gegenzug aus Leipzig auf dem Gleis hinter der Trennwand, um ungebetene Gäste zurückschicken zu können.

Nun erobern die Grenzer den Zug. Es wimmelt von Uniformen in verschiedenen Dienstgraden.

„Haben Sie auch alle Geschenke eingetragen?" fragt mich der Zöllner. Immerhin spricht er mich mit „Sie" an.

„Ja", sage ich, „fünf Tafeln Schokolade, ein Pfund Kaffee, Kakao, eine Küchenschürze und fünf Paar Nylonstrümpfe!" Aber er traut meiner Aufzählung nicht und deutet auf das Gepäck.

Meine Mitfahrer sind gespannt, was ich aus meinem Stoffkoffer hole, den der Grenzer aus dem Volkseigenen Betrieb kennt. Mit Reißverschluss, rot-schwarzer quadratischer Musterung. Ich habe ihn vor zwei Jahren in der Losbude am Kaufhaus Brühl in Leipzig gewonnen. Feinste B-Ware, das Allerneuste von gestern.

„Du bist ein Glücksjunge!", hatte Oma gesagt.

Beim Öffnen klemmt der Reißverschluss. Der Grenzer kennt das Leid der VEB-Ware und hilft. Die Nylons aus dem Koffer des Heranreifenden erregen im Waggon Aufmerksamkeit. „Passgenau, besonders an der Ferse und in der Hüfte strapazierfähig!" heißt es auf den Packungen der Strumpfhosen.

Die fünf Apfelsinen in meiner Tasche? „Sie sind zum eigenen Verzehr gedacht", gebe ich vor. Wenn auch unwahrscheinlich, aber möglich! Auch die Bananen. Die krumme westliche Frucht, der Inbegriff von Freiheit kontra Geradlinigkeit sozialistischen Denkens.

„Wie viele DM führen Sie in die Deutsche Demokratische

Republik ein?"

„100 Mark."

Den Passkontrolleur mit seinem mobilen Tisch um den Bauch höre ich durch die Reihen kommen: „Bassgondrolle!"

Ich atme kurz durch.

Sein lautstarkes, aggressives Stempeln auf dem mobilen Tisch rückt näher. Bestraft er die westdeutschen Pässe? So einen mobilen Tisch hätte ich gerne. Ich könnte überall mein Büro aufschlagen, bin direkt eifersüchtig.

„Umdausch!" sagt der Nächste.

„Sieben Tage!" sage ich, obgleich ich es schon auf den Einreisepapieren beantragt habe.

„91 DM!" Mutter hat mir einen Umschlag mit Geld vorbereitet.

Neben der Quittung bekomme ich 91 DDR-Mark in Scheinen und einer Münze überreicht. Es sieht wie Spielgeld aus. Für mich ein guter Tausch. Ich sehe schon viele Lose aus der Losbude vor mir, Büroartikel, Bratwürste, Bücher und einen riesigen Eierlikör-Eisbecher in der Milchbar am Markt.

Im Gang klettert ein grau Uniformierter auf eine Leiter. Mit dem Schraubenzieher öffnet er die Deckenplatten.

Der Zöllner bückt sich und fragt Heinz: „Was ist das für ein Paket unter Ihrem Sitz?"

Beim Aufstehen von der Sitzbank löst sich unsere Kleidung vom haftenden Kunststoffbezug und der Zöllner hört unanständige Geräusche unserer schwitzenden Körper, die ihn und die DDR beleidigen. Er schaut schon ganz gereizt.

Die alte Dame mir gegenüber glättet ihre Bluse, die sich beim langen Sitzen zu einer Wulst geformt hat. Der Mann neben mir streicht sich die Hose glatt. Im Waggon riecht es streng nach Schweiß aus den Synthetikuniformen der Grenzer und angsterfüllter Reisender.

„Ein Geschenk für meinen Vater!" sagt Heinz.

„Öffnen bitte!" sagt der Zöllner.

Während er das Paket aufschnürt, entdeckt der Mann neben mir die Auflösung des stundenlangen Rätsels seines Brotbelags.

„Da is ja meine Gorge hingegullert, das Misstick!"

„Was haben Sie zu mir gesagt?" brüllt der Zöllner: „Ausweis! Papiere!"

Plötzlich ruckt der Zug. Eine neue Lok wird angekoppelt. Es wirbelt uns Stehende durcheinander. Die alte Frau rebelliert: „Nu, isch sätz misch, gomme was wolle!"

Das verlorene Ei zwischen den Beinen der Frau von der Nachbarreihe rollt ins Zentrum des Geschehens und die alte Dame mir gegenüber tönt erfreut: „Da is ja dr Eierkopp!"

„Was hab ich?" brüllt der entnervte Zöllner, tritt kampflustig an die Frau heran und auf das Ei. - Batsch!

„Jetzt hamses zörmadscht!"

Der Zöllner verlässt verärgert den Waggon. Nach einer Zeit kommt er mit ein paar Grenzern zurück.

„Damn un Härrn mitgommn, bittschän!"

Außer mir wird unsere Sitzgemeinschaft auf den Bahnsteig in ein Häuschen geführt und verschwindet dort. Vom Fenster aus sehe ich meine Mitfahrer hinter milchigen Scheiben, wo sie zu ruhelosen Schatten werden.

Ich höre Hunde bellen.

„Schigane!" sagt eine leise Frauenstimme irgendwo im Waggon.

Der Schaffner der Deutschen Reichsbahn kommt, der traditionell den Abschluss der Kontrollen bedeutet. Außerdem auch den Höhepunkt der Freundlichkeit, weil es ihm nur um gültige Fahrscheine geht. Man kann den guten Mann als Westdeutscher um Auskunft über Anschlüsse bitten und bekommt eine höfliche Antwort.

Wie Mutter mir erklärte, ist der Staatsapparat sehr empfindlich und weinerlich. Ein falsches Wort sieht er sofort als Anspielung und Verrat. Ob Gurke oder Ei – es ist ein Anschlag auf den Sozialismus. „Eierkopp" sagte ich in der Schule einmal zu einem Mitschüler, der mich darauf tagelang nicht mehr ansah. Der Beleidigte nahm meine flapsige Äußerung ernst. Da sah ich mir seinen Kopf genauer an. Er hatte wirklich einen Eierkopf.

Heinz' Paket unter dem Sitz hat der entnervte Zöllner in der Aufregung um Eier und Gurken bei der Kontrolle vergessen. Es sieht aus wie ein Geschenk und Geschenke ziehen mich magisch an. Ich bin ja fast noch ein Kind und ohne Überraschung halte ich es nicht lange aus. Wer weiß, ob Heinz jemals wiederkehrt?

Unter den neugierigen Augen der Mitfahrer öffne ich das Paket. Heraus springt ein nagelneuer Hut, ein „Homburger" laut Aufschrift, den ich sofort auf den Kopf setze. Er passt wie angegossen. Nur am Bund drückt er etwas. Ich komme mir wie ein richtiger Herr vor.

Plötzlich fangen alle an zu lachen. Die Drei marschieren auf dem Gang ein, Arme hebend und lachend, ausgelassen wie auf einem Faschingszug. Die Knöpfe an der neonblauen Bluse der fülligen alten Frau sind offen, aber sie strahlt übers ganze Gesicht:

„Is scho lange her, ds mr eener an de Wäsche gegangen is! Da geh'sch gleisch nochma hin!"

Der Zug fährt an. Die ersten Bemmen, Gurken und Eier kriechen aus den Taschen und trauen sich ans Licht.

„Entschuldigen Sie, ich durfte das Paket natürlich nicht aufmachen!" sage ich zu Heinz.

„Den Hut darfst du zur Belohnung bis Leipzig aufbehalten.

Der steht dir gut!" sagt Heinz. „Du siehst wie ein Edelmann aus!"

Ich fühle mich wie zuhause. Noch besser! Ich bekomme Schokolade und teile Mutters Käsebrote mit allen. Beim Mampfen schaue ich aus dem Fenster und sehe Banner wie „Gegen Militarismus in Westdeutschland!" bei der Vorbeifahrt über Fabrikeingängen und an Brücken hängen. Auf den holprigen Straßen sehe ich Menschen auf dem Weg zur Arbeit. Zu Fuß, mit Aktentaschen aus Schweinsleder und mit Stoffbeuteln. Einige Fahrräder. Trabbis tuckern, ziehen blaue Wolken hinter sich her. Langsam wird es hell.

Wir fahren bedächtig in den Leipziger Hauptbahnhof ein. Ich überreiche Heinz den Hut und danke ihm für ein paar Stunden Erwachsensein. Ich glaube, das reicht auch erst mal. Heinz nimmt aus dem Bund des Hutes ein paar D-Mark Scheine, steckt sie in seine Hosentasche und zwinkert mir zu.

„Ist für Vaters Farbfernseher!"

Unter den „MM"-Initialen hindurch in die Interzone

Appendix

Im Zug träume ich mit offenen Augen von Laden zu Laden zu streifen und sozialistische Bürowaren zusammenzukaufen. Letztes Jahr erwarb ich schon einen Locher, der mir mit den Schnellheftern half, Akten meiner zukünftigen Lebensvorgänge zu ordnen. Die Pappe war aus wunderbar rauem, sozialistischem Lumpenpapier. Ich besorgte auch einen Handhefter. Allerdings fand ich in ganz Leipzig keine Heftklammern dazu.

Ich male mir neue Bürofinessen für meinen heimischen Schreibtisch aus: eine Schreibunterlage aus Plaste, Büroklammern, Lochverstärker, die ich auf baldige oder bereits ausgerissene Löcher der herrlich verletzlichen sozialistischen Papiere mit Spucke aufkleben kann. Ein Register von A-Z mit Ordner. Eine lederne Briefmappe mit eingestanztem Völkerschlachtdenkmal-Motiv auf der Vorderseite. Schön billige Bleistifte. Stapelbare Tischablagen, in der meine wichtigen Dokumente, die es noch nicht gibt, geordnet werden. Ein Tintenfass für Füller. Allerlei Stempel natürlich: Zum Beispiel: Eilt! Vertraulich! Erledigt! Ein Stempelkissen mit der Ersatzfarbe blau.

Bei der Heimfahrt im Sommer hatte ich an der Grenze meinen Koffer öffnen müssen. Die strenge Grenzerin monierte den linken sozialistischen Hausschuh, den Mutter aus dem Kreislauf des Volkseigentums mit dem anderen weggekauft hatte. Der Rechte war aus strategischen Gründen solo mit einem Paket nach Frankfurt unterwegs. Weder der Zoll im Zug, noch die Post wollte einen einzelnen Hausschuh für Einbeinige wieder in die DDR eingliedern. Und so fügte sich zuhause in Frankfurt das zusammen, was zusammen gehört.

Die Zöllnerin kramte in den Sachen nicht weiter, weil sie dem von Oma in Wachspapier eingeschlagenen Karpfen begegnete. Von einer Beschlagnahmung sah sie ab, weil ihre Finger bereits nach einer Geruchsprüfung den ganz besondern Duft von geräuchertem Fisch verbreiteten.

Sie entdeckte weitere Bürosachen und hörte auf zu suchen. Vielleicht bedauerte die Grenzerin auch meinen Bürospleen, der mich in jungen Jahren befallen hatte und den sie dem kranken kapitalistischen System zuschrieb. Die ausgebeutete Jugend der BRD konnte sich noch nicht mal einfache Büroartikel leisten. In der DDR kosteten sie Pfennigbeträge. Da war Ordnung jedem Arbeiter möglich.

Nachwort

Das Wort „Interzone" ist aus zwei Worten zusammengesetzt: Aus „inter" und „Zone". „Inter" heißt „zwischen" und „Zone" meint ein abgegrenztes Gebiet.

Der Interzonenzug war ein Reisezug, der zwischen der Bundesrepublik Deutschland und der Deutschen Demokratischen Republik fuhr.

Meine erste Fahrt als 16jähriger von Frankfurt am Main nach Leipzig allein über die Grenze ist hier beschrieben. Deutschland, das territorial in zwei Hälften geteilt ist, hat hier ein Nadelöhr, wo ausgesuchte Bürger beider Staaten sich gegenseitig besuchen können. West und Ost fahren hier im selben Waggon und tauschen Lebensmittel und ihre Eigenheiten aus, geraten an der Grenze in Angst und freuen sich zusammen, wenn sie überwunden ist.

Der Sechzehnjährige hat gelernt, dass es zwei voneinander abgetrennte Welten gibt. Er lernt mit beiden zu leben. Hier die Eltern und die Schwester im Westen, im Osten die Oma, Onkel und Tante.

Mit einer Mischung aus Humor, Frechheit und Devotheit gelingt es den Reisenden, die strengen DDR-GrenzerInnen aus ihrem Leben herauszuhalten. Damit bewahren sie ihren Selbstwert. Die Mutter hat alles gut vorbereitet. Nun möchte ich auch erwachsen werden und die Probe bestehen.

Im Zug erlebe ich Mitmenschlichkeit und keine Trennung zwischen Ost- und Westbürgern. Es werden Lebensmittel gereicht und der sächsische Dialekt feiert hier Hochzeit. Unfreiwillig werde ich zum Schmuggler. Was mich antreibt, ist die Sehnsucht nach der geliebten Oma, den Nachbarn in ihrem Haus, die bereits am Küchentisch mit warmen Brötchen frisch vom Bäcker auf mich warten.

Goethe schreiben

„Wie, verdammt noch mal, wird Goethe geschrieben?" schrie Vater in mein Ohr. „Und setz dich mal gerade hin und dann schreib das Wort noch mal!"

Er drückte den Filter einer ausgerauchten Dunhill im vollen Aschenbecher zu einem Dreieck und entzündete eine neue Zigarette, die ihm beim ersten Zug Erleichterung verschaffte. Eine Beruhigung, die nur kurz anhielt.

Diesmal schrieb ich Goethe mit hartem T. Vater war immer noch nicht zufrieden. Er tobte und lief wie angestochen durch das Zimmer und schimpfte. „Das gibt es doch gar nicht! Unser größter Dichter und du weißt nicht, wie er geschrieben wird! Eine Schande!"

Er verließ das Zimmer und schloss laut die Tür hinter sich. Ich sollte mir das Wort noch mal reiflich überlegen. Wenn er komme, wolle er den richtig geschriebenen Goethe auf dem Papier sehen.

Er glaubte, während er in der Küche ein Glas Leitungswasser zur innerlichen Abkühlung trank, dass sich im Zimmer beim schmorenden Sohn ein Funke entzündete, der ein Feuerwerk aus Geistesblitzen in Sachen Richtigschreiben entfachte. Ich guckte nur ratlos im väterlichen Zimmer herum, ob das Wort irgendwo in der Luft lag, an der Blumentapete oder der gekalkten Decke geschrieben stand. Mir war das Wort Goethe noch nie begegnet. Es war nicht, wie Vater hoffte, aus seinem Strang des genetischen Codes bei der Vermischung mit dem der Mutter auf mich übergegangen.

Ich hatte Goethe schon mit D, mit Ö und sogar einmal aus Verzweiflung mit zwei T geschrieben. Ich probierte alle Buchstaben aus. Aber das altertümliche OE für Ö war mir noch nie begegnet. Zweifellos war hier meine Phantasie gefragt, wie dieser Herr Goethe geschrieben wurde. Vielleicht aber brachte allein die Abwesenheit des Vaters höhere Einsicht.

Ich hielt meinen Bleistift zwischen Daumen, Zeige- und Mittelfinger angestrengt fest. Zweimal war beim Versuch, das Wort Goethe zu schreiben, die Spitze abgesprungen. Einfach so, durch das Zimmer. Die Verzögerung durch das Spitzen, das Vater einforderte, um akkurat und schön schreiben zu können, war von mir herbeigeführt und schaffte eine Atempause beim Schreibakt. Die Ungeduld meines Vaters sah ich als meinen Vorteil an.

Er hatte das Fenster geöffnet, in der Hoffnung, dass es dem Sohn nur an frischer Luft mangelte und ihn kein größerer anderer Schaden plagte. Die Gardinen flogen vom Wind getrieben ins Zimmer. Fliegen umkreisten den Kronleuchter. Einige kletterten die Maschen der Gardine hoch, hielten inne und schauten mich an. Der Lärm an- und abfahrender Autos vor dem Postamt und sprechender Fußgänger raubte mir den Nerv. Sie warfen Briefe und Postkarten in den Briefkasten und ließen die Klappe laut zufallen. Ich schreckte auf und war abgelenkt. Jeder Brief mit vielen Worten. Vielleicht war da auch das Wort Goethe dabei?

Ich legte den Bleistift beiseite und schüttelte meine verkrampfte Hand aus. Die Innenseite meines Mittelfingers war vom angestrengten Gebrauch des Bleistifts eingedellt, und ich dachte, dass meine ältere Schwester an gleicher Stelle schon Hornhaut hat. Ich stellte mir vor, dass mein Finger und der Bleistift eines Tages zusammenwachsen, dass alles zu Blei wird und ich ein Schreibinstrument.

Vaters Zimmer war ein Ort der Strenge. Es war meistens geschlossen. Wenn Vater da war, wenn er es verlassen hatte. War man einmal darin, wurde es ungemütlich. Es wurden ernste Gespräche geführt. Es passierte etwas von großer Tragweite. Es roch streng nach einer Mischung aus Tabak, Wein, Schweiß und vergilbtem Papier. Alle Gegenstände waren davon betroffen. Der Ofen, die Stühle, die Bilder, der Schrank, Bleistifte, Kugelschreiber. Nur der Neckermann-Schwarzweiß-Fernseher war ein Lichtblick und ein Ausguck in die Freiheit.

Im Schrank roch es sauer. Aus Opposition zu Mutter sicherte sich Vater eigene Lebensmittel. Sein Sauerkraut war von hausfraulichem Einfluss in der Küche frei. Er konnte ohne Kommentar von Mutter darauf zugreifen.

Seine Kaffeetasse spülte er stets in der Küche mit dem Zeigefinger und spärlichem Wasser aus. Auch sie bunkerte er im Wohnzimmerschrank. Mutter benutzte Spülmittel und verargte ihm damit den Kaffeegenuss.

Das mit Goethe und uns wurde nichts. Vater sah langsam ein, dass ich ihm irgendwie entglitt. Er nahm die Tasse aus dem Schrank und marschierte mit ihr in die Küche, um die Kaffeezeremonie einzuleiten, eine sächsische Besonderheit, die sich bei ihm in Westdeutschland gehalten hatte.

In der Küche scheiterte sein Vorhaben, Kaffee zu machen erst. Mutter schmierte Rouladen mit Senf ein, bestückte sie mit Speck, rollte sie um Gurken und spießte sie zusammen.

Ich saß noch artig auf meinem strengen Stuhl. Ein frischer Duft von Lebensmitteln kam aus der Küche. Ich hörte Mutter maulen:

„Jez kommder in de Gische, ausgereschnet nu!"

Und als Vater beleidigt mit seiner leeren Tasse abzog, die Kaffeemühle und die Kaffeedose noch vorher aus dem Küchenschrank erbeutet hatte, sagte Mutter etwas Wohl-tuendes für meine Ohren:

„Jez geder widder!"

Es sollte heißen: Jetzt geht er wieder! Aber ich hörte: „Jetzt Goethe wieder!"

Und ich musste herzlich in mich rein lachen. Mutter traf genau den Punkt. Genau das dachte ich die ganze Zeit: Immer wieder der Goethe. Jetzt der schon wieder! Wer war verdammt noch mal dieser Goethe?

Mein Vater gab mir die Handkaffeemühle und ich durfte in das Kinderzimmer. Dort klemmte ich die Kaffeemühle zwischen meine Beine und drehte angestrengt die Kurbel, um die Bohnen zu mahlen. Hin und wieder zog ich die kleine Schublade auf, um meinen Ertrag an Kaffeepulver zu betrachten. Ich brachte Vater die mit Kaffeepulver gefüllte Schublade und er lobte mich.

Er hatte in der nunmehr von Mutter geräumten Küche das Wasser gekocht, die Kanne mit dem Filter und dem Filterpapier vorbereitet. Er gab das Pulver in den Filter und goss geduldig heißes Wasser nach, bis die Kanne voll war. Zur Belohnung bekam ich eine halbe Tasse Kaffee, die mich für alles versöhnte.

Das Fenster des strengen Zimmers, in dem ich schmorte, wurde viele Jahre später Ziel einer Beschreibung eines bekannten Schriftstellers, der zu meiner Kinder- und Jugendzeit im selben Stadtteil wohnte und dort seine kleine Tochter ausführte. Aus seinem Nachlass tauchte eine Schrift auf, die von einer von innen beleuchteten Gans hinter dem Fenster im dritten Stock spricht, zu der er hinauf schaut, wenn er am gegenüber liegenden Postamt vorbeigeht.

Bei dieser Beschreibung handelt es sich beim Schriftsteller entweder um einen Gedächtnisfehler oder einen poetologischen Kniff, der aber nicht einleuchtet und keine Begründung hat. In Wahrheit steht die beleuchtete Gans immer noch fünf Hausnummern weiter am Rohmerplatz im

Fenster einer Parterrewohnung.

Wenn es eine Verwechslung war, dann sah der Autor etwas anderes im Fenster des strengen Zimmers meines Vaters, in dem ich zu dieser Zeit Worte ausbrütete. Dort stand nur eine Palme kurz dahinter, die von Läusen geplagt war und im Winter vom geschmückten Tannenbaum ersetzt wurde.

Für mich gibt es nur eine Erklärung: Der Autor, den ich später kennenlernte, ohne dass er wusste, wo ich wohnte, wollte mir im strengen Zimmer beistehen, wenn ich über das Wort Goethe rätselte. Er setzte in Gedanken eine beleuchtete Gans ins Fensterbrett, eine goldene bei rechtem Lichte. Das Märchen von der goldenen Gans erzählt vom Dummling und vom Lachen. Wollte er mir mit dem Imaginären im strengen Zimmer helfen und mir das Lachen beibringen?

Meine Mutter hatte nur die Volksschule besuchen können, bis zur achten Klasse. Es waren schwierige Zeiten. Als sie die Schule verließ, schuftete sie als Näherin, im Lebensmittelladen, auf dem Rangierbahnhof, bei Reclam im Lager und auch in einer Gummifabrik. Nach der Flucht in den Westen arbeitete sie in einer Wurstfabrik und verarztete verletzte Finger und andere Körperteile von Metzgern, kümmerte sich um Gewürze, vom Kümmel bis zum Majoran.

Ja! Um Kümmel kümmern, das klingt lustig. Zwei Worte, die verschieden sind, aber ähnlich klingen, etwas anderes meinen. Aber der Kümmel kümmert sich wirklich um den Menschen, er verschafft ihm gute Verdauung. Und auch das Kümmern mündet aus Gründen der Gesundheit in den Erwerb von Kümmel.

Mutter bewältigte ihre Probleme durch ihre lebenslustige, robuste und herzliche Art auf praktische Weise.

Ihre Domäne in unserer Wohnung war vornehmlich die Küche. Da war Vater nur Gast. Seine war das Wohnzimmer, das Zentrum der Wohnung, weil dort der Fernseher stand und Weihnachten gefeiert wurde.

Mein Zimmer, das ich mit meiner Schwester teilte, war genau in der Mitte der Haupteinflusszonen der Eltern, quasi ein Bollwerk. Damit die Zonen sich nicht vermischten, waren wir Kinder da. Da es gerade die Voraussetzung für eine Familie ist, dass die Mitglieder hin und wieder zusammenkommen, stand die Eckbank mit dem Esstisch im Kinderzimmer.

Beim Essen sollte auf Wunsch von Vater wenig gesprochen werden. Nur unser plaudernder Wellensittich, den Vater aus unbekannten Gründen in sein Herz geschlossen hatte, sorgte für Erheiterung. Er flog von seinem Käfig aus direkt in Vaters Teller, knabberte am Kotelett und startete wie ein Helikopter aus der Bratensoße für einen Rundflug durchs Zimmer und spritzte alle damit voll. Dann würgte er aus seinem kleinen Hals einen weitreichend philosophischen Satz: „Na, du bist aber ein guter Bubi!"

Mutter hätte bei Tisch viel und sächsisch gesprochen, das war sicher. Die Mitteilungslust des schnatternden Vogels war Vater lieber als das dumpfe Sächsisch.

Vater hatte studiert. In den Zwanzigerjahren. Weil auch die Mutter aus Sachsen kam, achtete er auf das Hochdeutsche, damit aus uns mal was auf einem Amt wird. Auf der Post. Bei der Stadtverwaltung. Dort, wo es einmal eine Altersversorgung namens Pension geben würde.

Wissen war für Vater etwas Schlafendes, das man aus dem Heranwachsenden durch Zucht und Ordnung nur herauspressen musste. Wie den Saft aus einer Orange. So war es beim Diktat in seiner Stube. Die Worte mussten richtig, genau und stilgerecht gewählt werden.

Weil einige Worte mir nicht bekannt waren, Vaters Enttäuschung über meine Unkenntnis über sie groß war, bekam ich Ehrfurcht vor den Worten. Vor manchen sogar Angst. Bei manchen drehte sich mir der Magen um, andere machten mich froh. Das Wort Goethe presste Vater aus meinem Fleisch heraus. Auch wenn es schlimme Momente im strengen Zimmer waren, wurden die Worte späterhin zu meinem Lebensinhalt.

Mutter sächselte einfach drauf los. Hemmungslos, da war für Vater nichts mehr zu machen. Einmal besuchte uns ein Lehrerehepaar und Mutter wollte fein reden. Sie unterlegte ihrem eingebauten Sächsisch einen französischen Akzent. Das fand ich als kleiner Junge echt schräg. Weil ich Angst hatte, dass sich Mutter in eine Französin verwandelte, packte ich während des Besuchs meine Mutter am Arm und rief: „Mama, Mama, was ist denn mit dir los?"

Vater rüttelte ich immer, wenn er durch irgendwas an den Krieg erinnert wurde, in dem er auch an der Ostfront kämpfte. Beim Laufen durch den Wald war er oft abwesend und nicht ansprechbar, sein Körper fing plötzlich an sich zu schütteln. Dann stieß ich ihn an und rief: „Papa, Papa, was ist denn los?" Sein Geist war völlig abwesend, seine Ohren hörten mich nicht. Seine Sprachlosigkeit machte mir zu schaffen, weil sie in leise gehauchte Beschimpfungen mündete. Als es zu Ende war, sagte er zu mir überrascht: „Was ist denn los? Was hast du denn?"

Er wusste nichts davon, was mit ihm geschah.

Seine Wortorakel hatte nicht er gesprochen, sondern ein anderer, von dem er nichts wusste.

Eine Geheimschrift wie die Deutsche Einheitskurzschrift gefiel mir auf Anhieb. Kaum jemand, nicht mal mein Vater, konnte mir beim Schreiben und Lesen reinreden. Mit Mutter, die die Kurzschrift beherrschte, konnte ich eine eigene Welt aufbauen und Vater war machtlos. Mit geschriebenen Worten wurde etwas amtlich und die Menschen glaubten, dass sie durchdacht waren und nicht einfach so dahingesagt.

Im mittleren Zimmer, im Beisein der Mutter und der Schwester, fühlte ich mich wohler. Hier tippte die Schwester auf ihrer elektrischen „Brother"-Maschine bereits Formbriefe und Reiseberichte.

Vater tippte im strengen Zimmer auf einer mechanischen Schreibmaschine lautstark sein Tagebuch aus dem Krieg. Mehr als ein Jahr hatte er mit der Übertragung der handgeschriebenen Aufzeichnungen von den Kriegsschauplätzen zu tun, die er unter großen Gefahren schrieb, versteckte und mit der Feldpost nach Hause schickte. An der Lautstärke seines Hämmerns auf die Tasten, am Rhythmus der Anschläge, fühlte ich im Nebenzimmer die Schwere seiner Erlebnisse, vom Inhalt erfuhr ich nichts.

Im Alter von fünfzehn Jahren lernte ich in der Schule Schreibmaschine schreiben. Es nannte sich Bürokunde und ich war schon dank Unterweisungen meiner Schwester geübt. Meine Finger flogen über die Tasten. Ab und zu verunglückten sie und gerieten in die Räume zwischen ihnen. Das tat richtig weh. Zeigefinger, Mittelfinger und Ringfinger waren kräftig, aber der Kleine schwächelte. Die Umgebung von A und Ö, das W, Q, Y, Ä und Ü etwa waren schmerzliche Ausflüge.

Die Buchstaben des Wortes Goethe ließen sich auf der Tastatur der Schreibmaschine gut erreichen. Auf der schweren elektrischen Olympia in der Schule, deren Motor wie eine Diesellokomotive brummend lief, war das kein Problem. Mit einem Mitschüler hatte ich den Kurs unter lauter Mädchen belegt. Wir tippten Seite für Seite Übungen. Seltsame Buchstabenabfolgen wie asdf jklö, die noch keine Worte ergaben. Bis uns die Fingerfertigkeiten in Fleisch und Blut übergingen. Rechts, links, oben, unten, hin und zurück flogen die Finger.

Meinem tapferen Mitschüler misslang leider alles. Er vertippte sich ständig und stieß ein Stöhnen der Vergeblichkeit aus. Hatte er endlich einmal, nachdem ich schon drei Seiten getippt hatte, eine Seite vollbracht und zog stolz das Papier von der Walze, so zerriss es in zwei Teile. Ein Stück hielt er in der Hand, das andere steckte in der Walze. Vor Nervosität zappelte er mit seinen langen Beinen. Er war aus Kameradschaft mit mir in den „Mädchenkurs" gekommen, so wie er von anderen Jungs genannt wurde, die lieber auf Holz herum hämmerten, Bretter sägten und das Getöse in stickigen Kellerräumen der Schule vorzogen.

Für mich war das Maschinenschreiben das pure Glück. Ich konnte Worte und Sätze schnell, leserlich und druckreif schreiben. Die Sätze sprudelten aus mir nur so heraus. Mein Gehirn lieferte immer neue Worte nach. Ich konnte Sinn produzieren und Erklärungen abgeben.

Das Schnellschreiben war eine besondere Disziplin im Unterricht. Eigentlich ging es hier um die Vorbereitung, eine Sekretärin zu werden. Die Tasten schauten mich an und warteten auf mich, dass ich mit ihnen etwas Großes vollbringen würde. Es sind viele Tasten, sie sind aber begrenzt. Aber durch sie ist die Welt noch oben offen. In ihrer Kombination liegen die Geheimnisse, zum Beispiel Geschichten zu schreiben.

Ich lernte das Blindschreiben. Über der Tafel, vor der die Lehrerin saß, lief ein Band mit Texten, die wir ablesen und abschreiben sollten. Meine Finger flogen über die Tasten, weil mich die Lehrerin faszinierte. Sie hatte lange, zu einem Zopf gebundene Haare und war eher nüchtern und streng im Unterricht. Das machte mir gar nichts. Im Gegensatz zu Vaters Strenge war sie für mich lieblich, weich wie Butter.

Vielleicht war ich sogar in sie verliebt, aber ich wusste nicht genau, was das bedeutet und was zu tun war. Also tippte ich auf der Elektrischen um die Wette und bekam von der Lehrerin lauter Einsen. Beim Schreiben vom laufenden Band über ihr konnte ich sie unverblümt anglotzen und alle ihre fließenden Bewegungen, liebliche Gesten genießen. Sie nahm ihren geflochtenen Zopf, drehte ihn kurzweilig und steckte seine Spitze in ihren Mund. Für einen kurzen Moment kroch ihre rosa Zunge heraus und wandte sich darum. All das verfolgte ich, während meine Finger schrieben: „Sehr geehrte Damen und Herren, wir benötigen 20 Packungen Reißverschlüsse der Farbe Grün, 20 Zentimeter lang zum Preis von..."

Einmal erzählte sie uns, dass sie mit einem weltberühmten Bergsteiger im Himalaya unterwegs war. Ich stellte mir oft vor, mit ihr allein auf einer Bergspitze zu verweilen, der Beherrscherin der Tasten und der Bürokunde überhaupt.

Die Mädchen fanden die Lehrerin arrogant und doof. Wahrscheinlich, weil sie zu schön war. Daher ließ auch ihre Schreibmaschinenkunst zu wünschen übrig. Auch haderten sie mit der elektrischen Büromaschine. Die Typen verklemmten sich oft auf dem Weg zur Walze. Ihre kleinen Finger tippten mehrere Buchstaben auf einmal. Beim Entwirren der Typen wurden sie von der Druckfarbe schmutzig. Immer wieder hörte ich Stöhnen oder anderen Unmut.

Oder die Maschine war nicht an der Steckdose angeschlossen. Die schöne Lehrerin wurde dann richtig garstig, weil die Mädchen behaupteten, die Maschine sei kaputt und somit könnten wir alle nach Hause gehen.

Die süße kleine Anja, auf die ich durch meine Fingerfertigkeit im Maschinenschreiben Eindruck machen wollte, war eine echte Niete im Tippen. Sie saß zwei Reihen hinter mir und war hinter der klobigen Büromaschine kaum zu sehen. Blind schreibend, suchte ich nach ihr, indem ich meinen Kopf lässig nach hinten richtete und dabei weiter schrieb. Selbst nur ein Ausschnitt ihres Kopfes konnte mein Herz erwärmen und meine Phantasie befördern. Leider nahm sie von mir kaum Notiz, aber für meine Anbetung brauchte ich sie nicht selbst, sondern nur ihren Anblick.

Sie tippte jeden einzelnen Buchstaben, jedes Zeichen, als würde sie mit den Typen lästige Fliegen abschießen, die sich auf dem Papier befanden. Dabei machte sie ein bedauernswertes Gesicht, als hätte sie gerade in eine Zitrone gebissen.

Mit fortschreitender Zeit stellte ich fest, dass ich es mit dem Zitronengesicht im Leben nicht leicht haben würde. Wenn sie eine Zeile auf der Walze getippt hatte, strich sie eine Strähne ihres langen blonden Haares hinter ihr winziges Ohr. Diese Marotte machte mich zwischenzeitlich wahnsinnig. Eine neue Zeile beim Umschalten eröffnete sie damit, dass sie ihre winzige rosa Zunge zu einem Röhrchen formte und zwischen den Lippen heraus schob, um sie nach Belieben wieder einzufahren. Irgendwie fand ich das obszön. Doch ich musste immer hinschauen. Je fremder Anja mir wurde, desto anziehender wirkte sie unverständlicherweise. Ich konnte mich an ihr nicht satt sehen. So entdeckte ich mein erstes großes Paradoxon in Sachen Liebesleben.

Im folgenden Kurs der Bürokunde Maschinenschreiben II lichteten sich die Reihen. Mein getreuer Klassenkamerad wechselte zu Holz II über. Wahrscheinlich hatte er über eine Härtefallregelung bei den Brettbohrern Asyl gefunden. Ich war nun der einzige Junge. Die schöne Lehrerin honorierte meine Treue zu ihr mit Lob und Einsen im Zeugnis. Anja war zu meinem Leidwesen nicht mehr dabei.

Im zweiten Jahr schrieb ich mich gleich beim Kurs Deutsche Einheitskurzschrift I ein. Hier ging es noch raffinierter zu. Alle Selbstlaute verschwanden als Zeichen und drückten sich nur durch ihre Hoch- oder Tiefstellung, einer Dehnung oder Verstärkung des darauffolgenden Mitlauts aus. Worte wie ABER wurden nur mit BR angedeutet. SCHULE war nur SCHL. Das Wort GOETHE bestand nur noch aus den Buchstaben G und T.

Vater würde im Dreieck springen. Goethe nur aus zwei Buchstaben, aus denen man genauso das Wort GUT, GITTE oder Gatte machen konnte. Oder sogar IGITT!

Aus Initialen auf Handtaschen, Taschentüchern, Briefköpfen, Autokennzeichen reimte ich mir Worte zusammen, über die ich mich auf offener Straße totlachte. Ein Mann mit einer Baseballmütze mit den Initialen KR auf der Stirn war für mich KIRRE. Als ich ihn sah, lachte ich schallend. Von einem Mitschüler mit den Initialen BS für Bernhard Siebel hielt ich mich fern, weil in ihnen das Wort BÖSE steckte. Aus den Insassen von Autos mit dem Autokennzeichen HU für Hanau wurden für mich alle Hausbesitzer. Aus GG für Groß-Gerau wurden lauter Leute, die GAGA waren.

Eines Tages hörte ich im Radio Ernst Jandls Gedicht „SCHTZNGRMM". Sein Vortrag elektrisierte mich derart, dass ich mir das Buch kaufte. Mit wenigen Buchstaben, lauter Mitlauten und einer unglaublichen Rhythmik des Sprechens, schoss er den Weltkrieg wieder herbei. Hinter dem scheinbaren Unsinn des Wortes standen Rhythmik und Ordnung.

Als Einser-Absolvent der Deutschen Einheitskurzschrift II entdeckte ich zwischen den Mitlauten neue Wörter und Bedeutungen, ein weites Feld von Interpretationen. Aus

SCHTZNGRMM wurde für mich nicht nur im Jandl'schen Sinne das Wort Schützengraben, sondern SCHUTZ ENNEAGRAMM, SCHUTT ZAUN GRAMME, SCHUTT ZUG RAMME und USCHI TIEZE GRIMM: Uschi Tieze Grimm arbeitete in einem Schuttzug nahe dem thüringischen Fluss Gramme. In ihrer Freizeit war sie in einem Schützenverein und entschlüsselte Enneagramme für Mitschützen, die im Schützengraben des ersten Weltkrieges lagen.

Nach dem Abitur arbeitete ich einen Sommer lang als Buchhalter bei einer großen Tageszeitung. Auf Empfehlung sprang ich in der Mahnabteilung an der Olympia ein, weil die angestammte Buchhalterin auf ihrer Urlaubsreise angeblich verschwunden war.

Ich tippte den ganzen Tag Mahnungen und war praktisch allein im Zimmer. Mein Vorgesetzter ging morgens nach dem gemeinsamen Kaffee im Haus zum Frühstück, meldete sich telefonisch vom Mittagessen, dass er am Nachmittag früher heimgehe, weil es sich nicht mehr lohne ins Büro zu kommen. Am Morgen sprach er mit mir einen Stapel Akten durch und unterteilte sie in Erste Mahnung, Zweite Mahnung und Androhung von Gericht. Weil er bei seinen Unterweisungen viel Eile hatte zum Frühstück zu kommen, konnte ich mir nicht alles merken und sagte zu allem, dass ich es verstanden hatte.

So verfasste ich deftige Gerichtsandrohungen an große Kunden, die nur eine freundliche Erinnerung erhalten sollten. Ich war von der Wirkung meiner Zeilen überrascht. Wie schön viel Unfrieden ich mit so wenigen Worten im Rahmen meiner bescheidenen Tätigkeit anrichten konnte! Die Beziehungen zwischen der Zeitung und einigen Firmen waren diesen Sommer aufs Tiefste gestört.

Immer wenn ich im Nachbarzimmer einer anderen Abteilung um Hilfe fragen wollte, erwischte ich die Kollegen beim Murmelfußball mit Wäscheklammern. Sie hatten den sowieso mit wenigen Akten belegten Schreibtisch leergeräumt, Nägel in die Ecken geschlagen und Hosengummis dazwischen gespannt, sodass eine Art Fußballfeld entstand.

Die Kollegen entfernten die Schenkelfeder von der Klammer. So hatten sie zwei Spielgeräte, mit denen sie eine Glasmurmel in zwei Streichholzschachteln schnippen konnten, die als Tore links und rechts dienten. Regelmäßig hörte ich in meinem Zimmer ein Ja! Juhu! Tor! Und ich dachte: Das ist nun das Arbeitsleben! Das Ende meines Daseins als denkender Mensch.

Wenn ich im Gang vor der milchigen Glastür stand und klopfte, bauten die Kollegen in Windeseile ihren Spieltisch ab und taten so, als würde sie etwas arbeiten. Als ich hereinkam, sagten sie: „Ach, nur du!"

In der Mittagspause lief ich auf dem schmalen Grünstreifen zwischen zwei Straßen auf und ab und suchte nach Sinn und nach Worten. Ich dachte an die Worte meines Chefs, „dass es sich nicht mehr lohne, zu kommen, weil es im Grund schon zu spät war."

Ich hatte das Gefühl, dass, egal was ich tat, es schon zu spät war, weil ich einen großen Lehrmeister in meinem Chef gefunden hatte, der nie da war. Das absurde Theater begann jeden Morgen und endete jeden Abend. In der Nacht herrschte mein Unbewusstes. Was sollte es also zu tun geben?

Meine Arbeitszeit dehnte sich wie Kaugummi aus und wollte nicht enden. Oft hatte ich nichts zu tun und tippte sehr langsam, um mir als Lohnempfänger eine Berechtigung zu verschaffen. Manchmal kam jemand irrtümlich ins Zimmer und entschuldigte sich bei mir. Das passte irgendwie. Als wüssten alle von meinem Schicksal, nicht gestört werden zu dürfen und in Langsamkeit versinken zu müssen. Die Buchstaben auf den Tasten schauten mich anklagend an, wann es endlich mit gescheiten Worten weiterging.

Das Buchhalterleben war eines der Härtesten. Ich dachte an die verschollene Buchhalterin. Auf ihren Stuhl saß ich und verlebte ihre sinnlos verstreichende Zeit. Hatte sie ihrem Leben ein Ende gesetzt? War sie untergetaucht, um der Sinnlosigkeit zu entgehen?

Der Faszination von Tasten erlegen, kaufte ich mir ein Keyboard. Ohne jegliche Ahnung von Musik begann ich auf der Tastatur zu spielen. Ich begnügte mich hier mit einer kleinen Auswahl an Buchstaben: CDEFGAHC. Aber damit konnte man einiges machen. Wie auf der Schreibmaschine die Tasten variieren. Schwarze und weiße Tasten waren allerdings neu. Hier hörte ich Dissonanzen heraus, empfand Harmonien. Hier gab es DUR und MOLL.

Hier waren Tasten dafür da, mit Tönen Geschichten zu erzählen.

Appendix

Beim Schreiben dieses Textes entglitt mir das Wort Goethe mehrmals. Was für ein Fluch! Nur dank des Rechtschreibprogramms bemerkte ich, dass ich GEOTHE und nicht GOETHE schrieb. Bei der oftmaligen Betrachtung des falschen Wortes bestätigte es sich wohl selbst. Mir fiel es nicht auf.

Ich setzte zwischenzeitlich das H vor das T. So als müsste ich das OE im Worte Goethe durch ein H vor dem harten T schützen.

Je länger ich schrieb, desto besser wurde es nicht. Alles wurde nur schlimmer, je mehr ich mir Mühe gab. Ich begann sogar das Wort „Schreiben" falsch zu schreiben. Ich schrieb immer „schrieben". Mit der Handschrift wäre das wohl nicht passiert, aber die Finger auf der Tastatur spielten mir einen Streich.

„Beim Schrieben von Göte" hatte ich halt die Mascheni nicht im Griff.

Nachwort

Das Wort „Goethe" zu schreiben ist gar nicht so einfach, besonders wenn ein Kind sich daran versucht und es noch nie von dem berühmten Dichter gehört hat.

Der Vater und Lehrer, der in dieser Geschichte zum Diktat ruft, kann es nicht fassen, dass beim Sohn seine Gene nicht durchschlagen und aus ihm das Rechtschreiben des Wortes „Goethe" sprudelt. Der Sohn fängt an auszuprobieren, zu fabulieren. Genau das wird er im späteren Leben auch tun.

Die Mutter kommt aus der Küche zu Hilfe. Sie vertreibt den aus Verzweiflung über den Sohn nach einer Erfrischung suchenden Vater und ruft sächsisch: „Jez geder wider!" Der im Zimmer schmorende Sohn versteht aber: „Jetzt, der Goethe wieder!" Genau das dachte dieser die ganze Zeit. Immer wieder der Goethe!

So tragen der Dialekt und das Falschhören zu seiner Erleichterung im Leben bei. Die Phantasie verleiht Flügel.

Worte kann man aussprechen, am Essenstisch können sie verboten werden. Der Vater spricht Worte im Wahn. In der Schule lernt der Jugendliche in dieser Geschichte sie auf einer elektrischen Schreibmaschine mit den Fingern zu tippen. Sie fließen aus dem Kopf durch den Körper über die Finger auf das Blatt Papier der Walze. Was für eine Magie!

Noch phantastischer geht es mit den Worten beim Stenographie-Unterricht in der Schule zu. Worte werden nur durch Mitlaute als Zeichen dargestellt, die Selbstlaute verstärkt etc. Spielt man mit den Mitlauten, entfalten sich neue Sinnwelten. Eine chiffrierte Welt wie unsere kann so wohltuend mehrdeutig werden. Wenn man sie nicht versteht, kann das auch sehr heilsam sein.

Schlusswort

Dieser Mensch hat ein Buch geschrieben. Es ist schwer zu fassen, wer er ist. Dabei hat er schon so viel gemacht. Manch einer würde es wissen wollen. Er könnte anhand der Biographie den Text des Schreibers besser verstehen. Er würde sich zusammenreimen, warum etwas so oder so ist.

Dabei bleibt alles unklar. Mag man erklären, was das Zeug hält. Es empfiehlt sich, einfach das Ding anzuschauen und es für sich zu betrachten.

In diesem Fall ist das Ding ein Buch.

Der Schreiber als Harlekin

Bildnachweis

Mit den Fotografien findet der Leser eine weitere Möglichkeit, sich meinem Buch zu nähern. Sie erklären und ergänzen die Texte nicht. Die Fotografien stehen für sich und führen ihr Eigenleben.

Wer genau die Bilder geknipst hat, ist nicht bekannt. Sicher ist, dass es nahe Verwandte waren: meine Mutter, mein Vater, meine Schwester, meine Großeltern. Ihre Absicht war es, einen wichtigen Moment festzuhalten, um ihn nach vergangener Zeit anhand des Bildes zu rekonstruieren.

Ob es gelungen ist, sei dahingestellt. Die Fotografien zeigen die Vergangenheit an sich. Das Papier ist vergilbt, die Abgebildeten stecken in einer Zeit fest. Weil das Bild noch da ist, wirkt es magisch. Ihm gelingt die Brücke zur Gegenwart.

Aus Geschichte werden Geschichten. Der unscharfe Hintergrund bei „Der Schreiber als Harlekin" wird mir zum Rätsel über die Umstände beim Machen des Fotos. Warum breite ich die Arme aus? Aus heller Freude? Auf Anweisung? Wie mag ich mich gefühlt haben, bei der Kälte und im Schnee? Warum wirkt meine Freude echter als kleines Kind im Eisenbahner-Kostüm neben dem Weihnachtsbaum? Was halte ich in der Hand, das mich so glücklich macht?

Ich würde es gerne wissen.

Michael Liebusch

Bücher von Michael Liebusch

„Jede Menge Zeit", Norderstedt 2017 (Erzählungen)
„Ütopie", Norderstedt 2013 (Erzählungen)
„Die Hauptstadt von Island", Norderstedt 2011 (Erzählungen)
„Der fabelhafte Hub", Norderstedt 2009 (Erzählungen)
„Bewegungsversuche", Christian Bedor und Michael Liebusch,
Norderstedt 2008 (Erzählungen)